dtv
premium

Ausführliche Informationen über
unsere Autoren und Bücher
finden Sie auf unserer Website
www.dtv.de

THOMAS HOHENSEE

WIE ICH MEINE ANGST VERLOR

und wie Ihnen
das auch gelingen kann

Deutscher Taschenbuch Verlag

Von Thomas Hohensee ist bei d̲t̲v̲ außerdem
lieferbar:
Sehnsucht (d̲t̲v̲ premium 24773)
Entspannt wie ein Buddha (d̲t̲v̲ premium 24836)
Der innere Freund (d̲t̲v̲ 34707)
Glücklich wie ein Buddha (d̲t̲v̲ 34737)

MIX
Papier aus verantwor-
tungsvollen Quellen
FSC® C013736

Auch als E-Book erhältlich
Originalausgabe 2014
© 2014 Deutscher Taschenbuch Verlag GmbH & Co. KG,
München
Umschlagkonzept: Balk & Brumshagen
Umschlaggestaltung: buxdesign, München
unter Verwendung eines Fotos von plainpicture/Mira
Satz: Greiner & Reichel, Köln
Gesetzt aus der Fairfield und der Charlotte Sans
Druck und Bindung: Druckerei Kösel, Krugzell
Gedruckt auf säurefreiem, chlorfrei gebleichtem Papier
Printed in Germany · ISBN 978-3-423-26036-7

Für Renate,
Co-Autorin der besten Kapitel meines Lebens

Wichtige Hinweise

Dieses Buch ist kein Ersatz für eine Psychotherapie. Wer ärztliche oder psychotherapeutische Behandlung benötigt, sollte nicht zögern, entsprechende Hilfe in Anspruch zu nehmen. Ich äußere mich in diesem Buch kritisch über PsychotherapeutInnen, ÄrztInnen, LehrerInnen. Ich bin mir bewusst, dass es auch gute VertreterInnen dieser Berufe gibt. Deshalb sage ich es an dieser Stelle ein für allemal. Das muss genügen. Manche Menschen bekommen Angst, wenn sie Bücher über dieses Thema lesen. Mir ging es jedenfalls so. Dieses Buch ist so geschrieben, dass Sie es entspannt lesen können. Eine zusätzliche Hilfe könnte darin bestehen, zuerst den Abschnitt »Ausatmen ist der erste Schritt« zu lesen. Oder gleich das ganze Kapitel über Lösungen. Obwohl ich meine Geschichte im Wesentlichen chronologisch erzähle, können Sie sie kreuz und quer lesen. Ihr Gehirn ist trotzdem in der Lage, die Zusammenhänge zu verstehen und sich das herauszupicken, was Sie brauchen.

Den Personen in diesem Buch habe ich zum Schutz ihrer Persönlichkeitsrechte andere Namen gegeben. Herr Müller heißt in Wirklichkeit nicht so. Im Übrigen habe ich mich an die Fakten gehalten.

INHALT

DER WENDEPUNKT

Nachdem ich lange unter Ängsten gelitten habe und diese immer schlimmer wurden, treffe ich jemanden, der mir an einem einzigen Nachmittag erklärt, wie ich meine Situation zum Guten wenden kann. Es ist verblüffend einfach und es funktioniert.

Hiiiilfe!!

Ich sitze in der U-Bahn. Mein Ziel ist der Fachbereich Jura, draußen in Dahlem. Es ist ziemlich voll im Zug, aber ich habe einen Sitzplatz erwischt. Der hilft mir allerdings auch nicht weiter; denn ich kann diese Enge nicht leiden. Genauer gesagt: Sie macht mir Angst. Ich habe das Gefühl, nicht richtig Luft zu bekommen.

Der Gedanke, dass die U-Bahn im Tunnel stecken bleiben könnte, macht mir schwer zu schaffen. Besonders wenn dann das Licht ausginge. Ich merke, wie meine Angst steigt. Jetzt ruckelt der Zug so komisch. Anzeichen einer kommenden Katastrophe? Wir fahren in den nächsten Bahnhof ein. Das verschafft mir etwas Erleichterung. Ich könnte schnell rausspringen. Dann wäre ich noch mal entkommen. Ich bleibe sitzen. Noch mehr Menschen steigen ein. Hiiiilfe!!

Bis zur nächsten Station dieselben Beklemmungen. Mir wird plötzlich sehr warm. Es ist Sommer. Mir kommt es vor wie in einem Tropenhaus. Was ist, wenn ich ohnmächtig werde? Mein Herz schlägt schneller. Wenn es hier bloß nicht so stickig wäre!

Auf dieser Strecke sind die Sitzplätze in den U-Bahnen längs angeordnet. Etwa zwanzig Personen sitzen sich gegenüber. Zwischen uns stehen weitere. Es ist zu eng, um ein Buch oder eine Zeitung herauszuholen und mich abzulenken.

13

Der Zug verlangsamt seine Fahrt. Hoffentlich bleibt er jetzt nicht stehen. Es ist nur noch eine Station. Eine junge, sehr hübsche Frau von gegenüber mustert mich. Das kann ich jetzt gar nicht gebrauchen. Ist sie interessiert oder merkt sie, was ich hier durchmache? Ich möchte weglaufen und zähle die Sekunden.

Endlich hat die U-Bahn das Ziel erreicht. Zusammen mit zahlreichen anderen steige ich aus. Alles gut gegangen. – Diesmal!

In der Sackgasse

Ich hatte mich verfahren. Leider nicht mit der U-Bahn, sondern mit meinem Leben. Nichts ging mehr. Jedenfalls kam es mir so vor.

Mein Studium kam nicht voran. Es machte mir keinen Spaß und meine Noten waren miserabel. Ich war so naiv gewesen, zu glauben, dass man im Jura-Studium etwas über Gerechtigkeit lernen würde. Aber darum ging es überhaupt nicht. Man sollte einfach die einschlägigen Gesetze finden und auslegen können. Nicht so wie man wollte, sondern wie die obersten Gerichte es taten, egal ob man deren Urteile nun gerecht fand oder nicht.

Als mir das zum ersten Mal klar wurde, konnte ich es kaum fassen. Drei Semester hatte ich mich mit der Frage gequält, was gerecht ist und was nicht. Und nun das! Man brauchte einfach nur in dicken Kommentaren nachzulesen, was der Bundesgerichtshof und die anderen höchsten Instanzen sagten. Mehr wurde nicht verlangt. Dafür bekam man gute Zensuren.

Ich konnte mich nicht darüber freuen, dass die Jurisprudenz im Grunde so simpel war. In der Schule fand ich den Unterricht so langweilig, dass ich gehofft hatte, an der Uni würde alles anders werden. Ich hatte davon geträumt, Studierende seien wahnsinnig interessiert an ihren Studienfächern und würden die ganze Zeit über ungelöste Probleme diskutieren. Stattdessen war ich nun einer unter vielen frustrierten, verunsicherten und desorientierten Studienanfängern, die mehr schlecht als recht versuchten, herauszufinden, wie der Wissenschaftsbetrieb funktionierte, vor allem wie man einen guten Abschluss schaffte.

Ich fühlte mich verloren. Zwar hatte ich das Schlagwort vom »anonymen Massenstudium« schon gehört, wusste aber nicht, was damit gemeint war. Man erfuhr es aber gleich am ersten Tag am eigenen Leib: Hunderte von Erstsemestern zwängten sich in den größten Hörsaal des Fachbereichs, in dem man sich in Listen für Arbeitsgemeinschaften eintragen sollte, die über den ganzen Raum verteilt waren. Man musste sich da irgendwie durchkämpfen.

In der Mensa war es ähnlich. Lange Schlangen an der Kasse für die Essensmarken. Man hatte reichlich Zeit, um herauszufinden, ob man sich für Stammessen I, II oder III entscheiden wollte. Dann noch mal das Gleiche bei der Essensausgabe. Man griff sich ein Tablett, sammelte die entsprechenden Schüsseln ein und suchte sich einen Platz. Wenn man beim Essen hochblickte, sah man Hunderte andere wie im Takt ihre Gabeln heben und senken. Irgendwie gespenstisch. Dazu das ohrenbetäubende Geklapper von Geschirr und Besteck. Nichts für sensible Seelen.

Die Vorlesungen kamen mir vor wie Theateraufführungen, nur nicht so lustig oder spannend. Auf der Bühne turnte ein Solist herum und gefiel sich darin, für seinen langweiligen Monolog so viel Beachtung zu bekommen. Es sei denn, er hatte ähnlich viel Angst wie ich. Dann verschanzte er sich hinter dem Rednerpult und presste mit hochrotem Kopf und heiserer Stimme mühsam seine Worte hervor.

Der Alltag eines ordentlichen Jura-Studenten bestand darin, Scheine zu »erschlagen«. Man brauchte zehn davon, um sich zur Prüfung zu melden. Die Scheine wurden in einem Studienbuch gesammelt. Das Studienbuch schickte man ans Prüfungsamt. Das Prüfungsamt lud einen ein, zu den schriftlichen und mündlichen Prüfungsterminen zu kommen – Einladungen, auf die ich lieber verzichtet hätte –, und am Ende erfuhr man nicht selten, dass man durchgefallen war.

Tatsächlich waren die Aussichten, die Prüfung zu vermasseln, ausgezeichnet. Anders als in den meisten anderen Studienfächern konnte man sich beim Jura-Studium seine Prüfer nicht aussuchen. Eine Eingrenzung der Prüfungsfragen durch vorherige Absprachen war dadurch ausgeschlossen. Im Prinzip musste man sich im Examen auf alles vorbereiten, auch auf einen Misserfolg. Etwa ein Drittel der Studierenden fiel durch.

Dieses Damoklesschwert schwebte die ganze Zeit über einem. Zwischenprüfungen gab es damals noch nicht. Man studierte unter Umständen fünf Jahre oder länger für nichts. Viele meiner KommilitonInnen brachen das Jura-Studium entnervt vorher ab. Wenn ich mich recht erinnere, waren es ca. 40 Prozent, die sich erst gar nicht zur Prüfung meldeten. Rechnete man Studienabbrecher und die durchs Examen Gefallenen zusammen, blieb nur ungefähr ein Drittel von denen übrig, die einmal (mehr oder weniger) erwartungsvoll das Jura-Studium begonnen hatten.

Deshalb herrschte im Fachbereich unterschwellig ein Klima der Angst. Die Misserfolgszahlen zirkulierten in den Vorlesungssälen, in der Bibliothek, in der Cafeteria und auf den Fachbereichsfluren und wurden oft noch kräftig übertrieben. Auch mich beunruhigte die Aussicht, das Examen nicht zu schaffen. Aber das war es nicht allein.

Mein Leben außerhalb des Studiums lag brach. Eigentlich existierte es gar nicht. Alte Freundschaften waren auseinandergegangen. Neue Freunde an der Uni zu finden, gelang mir lange Zeit nicht. Ich war froh, wenn ich den Fachbereich Jura hinter mir lassen konnte und so ging es den anderen wohl auch. Natürlich kannte man eine Menge Gesichter vom Sehen. Small Talk war jederzeit möglich. Aber das schien mir alles so belanglos. Ich fühlte mich isoliert und hatte wenig, über das ich mich freuen oder das mich gar begeistern konnte.

Es war die Zeit des »Deutschen Herbstes«. Die RAF terrorisierte hochrangige Manager und Politiker. In der Gesellschaft tobte ein Kampf um die Deutungshoheit. Waren die Angehörigen der RAF nun eine »Gruppe« oder eine »Bande«? Lohnte es, sich mit ihren Argumenten auseinanderzusetzen oder waren es gewöhnliche Kriminelle?

Das politische Establishment war nach 1968 schwer verunsichert. War auf die StudentInnen noch Verlass? Mussten

»die da oben« befürchten, dass eine ganze Generation tatsächlich den angekündigten »Marsch durch die Institutionen« antrat? Um sicherzugehen, dass dies nicht passierte, begann die Praxis der Berufsverbote. Jeder, der in einer linken Schüler- oder Studentenorganisation aktiv war, wurde pauschal verdächtigt, ein »Verfassungsfeind« zu sein und musste nachweisen, auf dem Boden der »freiheitlich-demokratischen Grundordnung« zu stehen. Obwohl nur wenige BewerberInnen für den Öffentlichen Dienst aus diesem Grund abgelehnt wurden, war es doch ein gigantisches Einschüchterungsprogramm, das seine Wirkung, wie man in den folgenden Jahrzehnten beobachten konnte, nicht verfehlte. Das Klima der Angst reichte jedenfalls weit über die Universität hinaus.

Als ich eines Sonntagnachmittags im Grunewald spazieren ging, traf ich plötzlich auf eine Autosperre. Das überraschte mich erheblich, weil es sich um eine sonst stets sehr ruhige Gegend handelte. Nun aber standen auf der gegenüberliegenden Straßenseite zahlreiche martialisch aussehende Polizisten mit Maschinengewehren. Als ein Porschefahrer der Aufforderung, rechts heranzufahren und zu stoppen, nicht nachkam, entstand für einen Moment eine gefährliche Situation. Die Polizisten gerieten in helle Aufregung. Glücklicherweise reagierte der Fahrer dann doch noch und hielt ein paar Meter weiter an. Sonst wäre es wahrscheinlich ratsam gewesen, sich auf den Boden zu werfen; denn es kam damals vor, dass Unschuldige erschossen wurden.

Die Situation hatte unwirkliche Züge. Ein sonniger, schöner Herbsttag, eine verträumte Straße in einer gutbürgerlichen Gegend, gegenüber ein Zeitungskiosk wie aus dem

Bilderbuch und davor schwer bewaffnete Polizisten auf der Suche nach TerroristInnen. Ich dachte, ich sei im falschen Film. Den Soundtrack zu dieser Zeit lieferten die Punks. »No fun, no future« stand auf Stickern, auf verschlissenen Lederjacken und an Hauswänden. Berlin war so morbide wie lange nicht. David Bowie, Lou Reed und Iggy Pop siedelten sich hier an, weil ihnen die Stadt so herrlich dekadent schien und sie sich von ihrer Drogensucht erholen wollten. Christiane F. schrieb ›Wir Kinder vom Bahnhof Zoo‹. Die Dead Kennedys sangen »Holiday in Cambodia«. Dort schlachtete Pol Pot gerade Millionen seiner Landsleute ab.

Ich hatte das Gefühl, dass irgendetwas komplett schieflief. Gerüchteweise hatte ich vernommen, dass einige meiner Schulfreunde an Drogen gestorben waren. Nicht zufällig war in der Schule »Desolation Row« von Bob Dylan mein Lieblingssong gewesen. Dylan beschrieb darin eine Art Irrenhaus, bevölkert mit skurrilen Persönlichkeiten, die alle irgendwie die Orientierung verloren haben. Einige waren auf einer Reise Richtung Selbstmord unterwegs. Das Thema »The Titanic sails at dawn« hat Dylan übrigens 2012 in einem Song wieder aufgegriffen. »World gone wrong«: Das scheint sein Lebensgefühl zu sein. Meines war es damals auch.

Berlin war noch immer der Mittelpunkt des Kalten Kriegs. Dieser war zwar durch Willy Brandts Entspannungspolitik zwischenzeitlich weiter abgekühlt, aber die Internationale aller Kriegstreiber gab sich eifrig Mühe, ihn wieder anzuheizen. Die Herren rüsteten sich für einen Dritten Weltkrieg. Der zentrale Schauplatz sollte Deutschland sein. »Theatre of war« sagen die Engländer und für uns waren Plätze in der ersten Reihe reserviert. Oder um es anders auszudrücken: Wir saßen auf einem Pulverfass. Nirgendwo sonst in der Welt waren so viele Atombomben, Panzer und Raketen stationiert wie auf beiden Seiten der Mauer. »Besuchen Sie Europa, solange es noch steht« warb ein amerikanisches Reisebüro. Von der Umweltfront kamen keine besseren Meldungen. Der Club of Rome hatte seinen Bericht ›Grenzen des Wachstums‹ veröffentlicht. Die Endlichkeit unserer Erde und ihrer Ressourcen wurde vielen schlagartig bewusst. Während zuvor insbesondere die USA als Land der unbegrenzten Möglichkeiten galten und viele Nationen den American Way of Life mit seiner Verschwendungssucht nur allzu gern übernehmen wollten, sah es plötzlich so aus, als nähere sich die Party dem Ende.

Ich war 23 Jahre alt und auf diesen Irrsinn nicht vorbereitet. Die Untergangsszenarien, die durch die Medien geisterten, nämlich Krieg und Umweltzerstörung, hatten in meiner Familie ihre Entsprechung, viel kleiner dimensioniert, aber mir persönlich reichte es. Der Tod war bei uns ein ständiger Gast. Meine Mutter stammte aus einer sehr kinderreichen Familie. Sie war die Jüngste. So nach und nach starben ihre zum Teil viel älteren Geschwister weg. Mir kam es so vor, als ob alle vierzehn Tage eine neue Todesanzeige ins Haus flatterte. Ich mochte schon gar nicht mehr zum Briefkasten gehen.

Ich weiß gar nicht, warum einige so scharf auf eine große Familie sind. Ist denen nicht bewusst, dass dort ein ständiges Kommen und Gehen herrscht? Dauernd irgendwelche Geburten von Enkeln, Nichten und Großcousinen und laufend stirbt jemand. Man kommt aus dem Feiern gar nicht mehr raus: hier eine Taufe, dort ein Begräbnis.

Meine Mutter konnte mit Abschieden leider nicht umgehen. Schon wenn ich Brötchen holen ging, rief sie mir hinterher: »Pass schön auf dich auf!« Kam meine Tante zu Besuch, war deren Abreise ein großes, tränenreiches Drama. Wenn einer ihrer Brüder starb, war die Stimmung meiner Mutter für Wochen und Monate im Keller. Sie konnte sich nicht daran gewöhnen, dass ihre Geschwister einer nach dem anderen den Löffel abgaben. Falls Sie mal Aufnahmen von libanesischen Klageweibern (der Ausdruck dürfte inzwischen nicht mehr korrekt sein, war damals aber üblich) gesehen haben, haben Sie ein präzises Bild meiner schmerzensreichen Mutter vor Augen.

Seit dem Auszug meiner Schwester herrschte zwischen den beiden Kalter Krieg. Meine Mutter schaffte es in kürzester Zeit, sich sogar mit den nettesten Menschen zu streiten, und ihr damaliger Lieblingsfeind war ausgerechnet meine Schwester. Damit wir uns nicht missverstehen: Meine Mutter konnte zeitweise eine herzensgute Frau sein. Selbst die tägliche innere Auseinandersetzung mit ihrer abwesenden Tochter war letztlich ein Ausdruck ihrer starken emotionalen Verbundenheit. Sie konnte es nicht verwinden, dass ihr Kind erwachsen geworden war und ein eigenes Leben leben wollte; denn mehr war eigentlich nicht passiert. Meine Mutter machte jedoch ein riesiges Drama daraus. Mir ging sie damit von früh bis spät auf die Nerven.

Ich war deshalb am Ende derselben angekommen.

Wie komme ich da wieder heraus?

John Kabat-Zinn hat ein Buch mit dem wunderbaren Titel ›Full catastrophe living‹ geschrieben. Er bezieht sich auf eine Passage aus dem Roman ›Alexis Sorbas‹. Auf die Frage nach seiner Befindlichkeit antwortet Sorbas mit einigen Andeutungen und fasst dann zusammen:»Die ganze Katastrophe eben.« Damit war auch mein Lebensgefühl treffend beschrieben. Um mich herum Kalter Krieg, Mauer, Todesstreifen, Terrorismus und Umweltzerstörung; an der Uni bedrückende Einsamkeit, Leistungsdruck und Langeweile; zu Hause eine Mutter, die jeden Tag weint und schreit: wenn das nicht die totale Katastrophe ist. Ich reagierte darauf mit zahlreichen Ängsten. Wenn ich mit der U-Bahn zum Jura-Fachbereich fuhr, hielt ich es manchmal kaum in den Abteilen aus. Ich wäre am liebsten an jeder Station herausgesprungen. In den Vorlesungen hatte ich die ständige Befürchtung, plötzlich von den Professoren mit einer Frage konfrontiert zu werden, und dann mit hochrotem Kopf keine Antwort aus der zugeschnürten Kehle herauszubekommen. In der Regel hielten sich die Professoren an den Charakter der Veranstaltung und lasen ausschließlich vor. Dennoch gab es ein paar Unberechenbare, die es liebten, Studierende vorzuführen:»Sie dahinten mit dem roten Pullover, was wissen Sie über …« In der Bibliothek ertrug ich die Stille nicht. Ich schaffte es weder, mich auf den vor mir liegenden Aufsatz aus einer Fachzeitschrift zu konzentrieren, noch gemütlich tagzuträumen.

Als dann schon wieder einer meiner Verwandten im Sterben lag und meine Mutter sich ein weiteres Mal in Tränen auflöste, dachte ich: Ich schnappe über. Ich halte das nicht mehr aus. Zu jener Zeit wusste ich nicht, was eine Panikattacke ist. Genauer gesagt: Ich wusste nicht, dass das, was ich fühlte, Panik war. Ängste begleiteten mich ständig. Aber für deren Steigerung fehlten mir die Worte. Ich merkte nur, dass ich weglaufen wollte, hatte aber keine Ahnung, wohin. Das machte es noch schlimmer.

Da ich annahm, in Kürze durchzudrehen, schien es mir notwendig, Hilfe zu suchen. Für mich selbst überraschend, zumal dies die Domäne meiner Mutter war, war ich eines Nachmittags weinend zusammengebrochen. Nur Tage später, während einer Panikattacke, überlegte ich, die Notaufnahme einer psychiatrischen Klinik anzurufen. Das kam mir zwar blöd vor, aber etwas Besseres fiel mir nicht ein. Ich hatte den Telefonhörer bereits in der Hand und eine entsprechende Nummer im Telefonbuch aufgeschlagen. Dann begriff ich, dass das Quatsch war, und ich legte den Hörer wieder auf.

Mir war eine sinnvollere Idee gekommen, nämlich mich an die psychologische Studienberatung der Uni zu wenden. Das klang nicht ganz so gefährlich wie Psychiatrie oder Psychotherapie und außerdem schien es zu passen. Bis zum Examen würde es noch zwei Jahre dauern. Ich konnte mir beim besten Willen nicht vorstellen, so lange täglich von meiner familiären Hölle in die andere zu wechseln, die Fachbereich Jura hieß. Im Vorlesungsverzeichnis stand, dass die psychologische Studienberatung denjenigen helfen könne, die mit ihrem Studium nicht weiterkamen bzw. Probleme hatten, die dem Studienerfolg im Weg standen. Das hörte sich an, als sei ich gemeint. Ich griff noch mal zum Telefon, kam gleich durch und vereinbarte einen Termin.

Verblüffend einfach

Ich wusste nicht, was »psychologische Studienberatung« genau bedeutet und war nervös. Die entsprechende Einrichtung war in einer netten, kleinen Villa in Dahlem untergebracht. Falls Sie sich in meiner Stadt nicht so genau auskennen: Die Freie Universität Berlin ist relativ idyllisch in einem der wohlhabenderen Bezirke der Stadt gelegen. Einige größere Hauptgebäude und eine Vielzahl von kleinen Instituten sind rund um die U-Bahn-Station Thielplatz verteilt. Von dort aus sind es nur zehn Minuten zum Fachbereich Jura. Ganz in der Nähe befand sich die psychologische Studienberatung. Wie praktisch!

An einem schönen Sommertag machte ich mich auf den Weg. Es war gerade vorlesungsfreie Zeit. Deshalb war die Gegend noch ausgestorbener, was ihrer Schönheit aber keinen Abbruch tat. Prächtige Laubbäume säumten die Straßen und spendeten wunderbaren Halbschatten.

Ich klingelte. Mit einem Summer wurde die Tür geöffnet. Ich trat ein und stand in der Diele. Aus einem der Zimmer kam ein etwa 35 Jahre alter Mann und stellte sich als der Psychologe vor, der mich beraten wollte. Er schlug vor, in den Garten zu gehen, der hinter der Villa lag. Das beruhigte mich. Also keine Gummizelle und keine kräftigen Herren in weißen Kitteln, sondern ein netter Nachmittagsplausch im Garten. Die psychologische Beratung fing an, mir Spaß zu machen.

Auf seine Frage, weshalb ich gekommen sei, antwortete ich, dass mir meine Familie auf die Nerven gehe. Meine Mutter würde mich hindern, so zu leben, wie ich wollte. Ohne sie würde es mir gut gehen. Außerdem fände ich den Fachbereich Jura unangenehm und das Studium enttäuschend.

Der Psychologe – nennen wir ihn Herrn Müller, seinen richtigen Namen habe ich ohnehin vergessen – meinte, meine Mutter könne mich überhaupt nicht daran hindern, mein Leben nach meinen Vorstellungen zu leben. Das könne nur ich selbst. Sonst müsste meine Mutter mich fesseln, was sie offensichtlich nicht tue.

Der Jura-Fachbereich sei tatsächlich problematisch für viele Studierende. Das würden sie an den vielen Anmeldungen merken. Die angehenden JuristInnen nähmen einen Spitzenplatz ein, was die Studienprobleme anginge. Aber sie könnten den Fachbereich nicht sanieren. Wir müssten eine individuelle Lösung finden. Was ich denn außer dem Studium mache?

Wow! Das waren drei Volltreffer. Mein Privatleben lag, wie gesagt, brach. Ich war also nicht der Einzige, der sich mit dem Jura-Studium schwertat, die Räume trostlos und das Personal grau fand. Und die Idee, dass meine Mutter mir eigentlich nicht im Weg stand, gefiel mir. Dazu wollte ich mehr wissen. Ich fragte Herrn Müller, wie er das meine.

»Niemand kann andere aufhalten, es sei denn, er sperrt sie ein. Alles andere wäre ›magic‹. Wie sollte das gehen? Du kannst dich nur selbst blockieren. Das machst du durch deine Gedanken. Die kannst du ändern, wenn du willst.« So einfach ist das?»Ja, A führt nicht zu C. B führt zu C, D kann auf B einwirken. A, das ist deine Umgebung; C, das sind deine Gefühle und dein Tun; B, deine Gedanken; D, die Überprüfung deiner Gedanken. Es mag sein, dass du ohne deine Mutter glücklicher wärest. Ja, vielleicht wäre es besser. Aber es geht auch so. Du kannst vieles unabhängig von ihr tun.« Herr Müller punktete weiter. Was er sagte, leuchtete mir ein. Die Aussicht, in meinem Denken, Fühlen und Verhalten frei zu sein, begann mich zu begeistern. Ich ahnte, welche Möglichkeiten sich mir dadurch eröffneten.

»Aber meine Mutter ist ein größeres Kaliber, als Sie denken, Herr Müller. Sie droht manchmal sogar damit, sich umzubringen«, wandte ich ein.»Lass dich davon nicht einschüchtern. Zeig Flagge. Wenn Sie das nächste Mal sagt, dass sie sich umbringen will, frag sie, was sie sich für einen Sarg wünscht.«

Das haute mich um! Ich hatte erwartet, dass ein Psychologe mir zustimmen würde, wie schrecklich meine Situation sei, und dass er mit mir fühlte. Stattdessen blieb er bei seiner Linie. Wenn meine Mutter sich umbringen wolle, könne sie niemand daran hindern. Es sei ihre Entscheidung, was sie mit ihrem Leben anfangen wolle. Ich solle mich nicht um ihre Gedanken, Gefühle und Handlungen kümmern, sondern um meine.

Mein Herz frohlockte. Ich hatte mir tatsächlich von meiner Mutter den Schneid abkaufen lassen. Eigentlich hielt ich es für sehr unwahrscheinlich, dass sie ihrem Leben ein Ende setzen würde. Sie war lediglich eine Meisterin in emotionaler

Erpressung, nicht nur mir, sondern auch anderen gegenüber. Sie versuchte, ihren Mitmenschen einzureden: Wenn es mir schlecht geht, seid ihr daran schuld.

Ich hatte nicht erwartet, auf einen so klar denkenden Menschen zu treffen. Die anderen hatten mir immer erzählt, ich müsse Verständnis für meine Mutter haben. Herr Müller dagegen war erfrischend anders und beurteilte die Verantwortlichkeiten richtig. Ich hätte mich ohne ihn niemals getraut, so zu denken, obwohl er genau das ausdrückte, was ich in meinem innersten Herzen empfand.

In diesem Moment hatte meine Mutter ihr Spiel verloren. Ich ließ mich nicht mehr einschüchtern. Ich begann so zu leben, wie es mir gefiel, ob es ihr passte oder nicht. Für den Fachbereich Jura galt das Gleiche. Ich strich sämtliche Vorlesungen, besuchte keine Seminare von Untoten mehr und hielt mich überhaupt nur noch dann an der Uni auf, wenn es sich nicht mehr vermeiden ließ. Mein Examen wollte ich schaffen, aber auf meine Weise.

Damit war das Gespräch mit Herrn Müller beendet. Er hatte gleich zu Beginn gesagt, dass wir keine Therapie machen könnten, weil uns dazu die Zeit fehle. Wir trafen uns noch zwei Mal, aber das Entscheidende war bereits passiert.

Ich lerne schwimmen

Meine Situation unterschied sich nicht besonders von der anderer. Eine ungeliebte Ausbildung, ein falscher Beruf oder ein Arbeitsplatz, der nervt: Das kennen viele. Eine Familie,

Verwandte oder Freunde, die einem das Leben schwer machen: Wer hat so etwas noch nie erlebt? Die ausschließliche Konzentration auf den Beruf, die Vernachlässigung des Privatlebens, ein einseitiges Leben: Dieses Problem hat viele Namen, zum Beispiel fehlende Work-Life-Balance oder Burnout. Die Regisseurin Helke Sander hat 1977 noch einen anderen Begriff dafür gefunden: Redupers, die allseitig reduzierte Persönlichkeit.

Ich hatte drei Jahre in einem Gefrierschrank gelebt. Das reichte. Herr Müller zog ein Buch, das einen gewaltigen Umfang hatte, aus seinem Regal, als ich auf seine Frage nach meinem Privatleben sagte, da müsse ich passen. »Da ist für jeden etwas dabei. Sieh dir das mal an«, sagte er. Es handelte sich um eine Auflistung von Projekten und Initiativen im alternativen Bereich. Ich kaufte mir das Buch und blätterte es wiederholt durch, aber ich hatte weder Lust, bei einer Knastgruppe noch bei einem antiautoritären Kindergarten noch bei einer Gartenkommune mitzumachen.

Trotzdem baute ich mir in den folgenden Monaten ein Privatleben auf. Ich reaktivierte alte Freundschaften. An der Uni suchte ich InteressentInnen für eine gemeinsame private Examensvorbereitungs-AG. Es war ziemlich schwierig, Leute zu finden, die auf meiner Wellenlänge lagen. Aber schließlich gelang es mir. Wir sprachen über knifflige juristische Fragen und lachten über den Irrsinn der Juristenausbildung. Ich entdeckte neue Interessen. In Berlin gab es sowohl im West- als auch im Ostteil der Stadt zahlreiche Theater, die zum Teil spektakuläre Aufführungen boten. Die Schaubühne am Halleschen Ufer inszenierte mit ihren Regisseuren, Schauspielern und Bühnenbildnern Stücke, die nicht nur mir unvergesslich sind.

Die zwei Jahre bis zum Examen vergingen wie im Flug. Was wie das Grauen vor mir gestanden hatte, wurde zu einer der besten Zeiten in meinem Leben. Nicht dass alle Probleme sich in Wohlgefallen aufgelöst hatten, aber ich konnte jetzt mit ihnen umgehen. Ich hatte begriffen, dass es nicht die Stadt oder bestimmte Menschen waren, die mich ängstlich und depressiv gemacht hatten. »That would be magic«, wie Herr Müller sagen würde. Vielmehr war es mein Denken, das mir das Leben so erschwerte. Mit anderen Gedanken war es mir möglich, Lösungen zu finden. Aber nicht nur das. Es machte mir sogar Spaß, die Hindernisse um mich herum zu bewältigen.

Ich hatte »schwimmen« gelernt. Nunmehr konnte ich nach Belieben kraulen, tauchen, planschen oder mich treiben lassen. Es war ein Vergnügen, sich im Wasser aufzuhalten. Ohne diese Fähigkeit war ich in Gefahr, unterzugehen. Aber auch wenn ich nicht ertrank, hatte mir das frühere Baden doch wenig Spaß gemacht. Ich konnte mich nur vorsichtig im flachen Wasser bewegen und hatte immer Angst vor hohen Wellen.

Ertrinken oder Spaß haben: eine so einfach zu erlernende Fähigkeit wie das Schwimmen macht den ganzen Unterschied aus. Was genau hatte mir Herr Müller eigentlich beigebracht? Und warum kehrten meine Probleme wenige Jahre später zurück, sogar schlimmer als zuvor?

WIE ALLES ANFING

Rückblende: Kindheit, Schule, Universität. Stationen des Glücks, aber auch vielfältiger, zunehmender Ängste. Irgendwann überwiegen die negativen Gefühle. Mein Leben verläuft nicht so, wie ich mir das vorstelle. Was tun?

Im Geisterhaus

Ich bin zehn Jahre nach dem Ende des Zweiten Weltkriegs geboren, und zwar dort, wo das Zentrum des ganzen Irrsinns lag, in Berlin.

1955 war die Stadt bereits geteilt. Die Mauer wurde jedoch erst 1961 gebaut. Dass hier ein Klima der Angst und Bedrohung herrschte, dürfte klar sein. Die meisten Menschen waren durch den Krieg mehr oder weniger traumatisiert. Der Schrecken saß ihnen noch in den Knochen. Das Kämpfen und Morden hatte 1945 aufgehört, aber der Wahnsinn des Krieges setzte sich in den Köpfen der Menschen noch lange Zeit fort.

Das ist jedoch nur die eine Seite; denn eigentlich bin ich weniger ein Nachkriegs- als vielmehr ein Wirtschaftswunderkind. Ich wohnte mit meinen Eltern im Westteil Berlins und die 1950er- und 60er-Jahre waren die Zeit des Wiederaufbaus. Es ging aufwärts und das merkte man. Überall wurden neue Häuser errichtet. In den Baugruben konnte ich im Kiessand wunderbar spielen. Es gab sie an fast jeder Ecke.

Die Menschen waren froh, mit dem Leben davongekommen zu sein. Auch das merkte man. Angst und Optimismus lagen gleichermaßen in der Luft. Die Beatles sangen: »We can work it out«, während Nikita Chruschtschow seine Kampfflugzeuge über Westberlin donnern ließ. Für mich war dieses Säbelrasseln jedoch nicht mehr als die Fortsetzung der Abenteuergeschichten, die ich in der Kinderbücherei auslieh.

Es war alles ebenso schaurig wie schön. Die Läden quollen über vor Waren und entschädigten die Menschen für die Entbehrungen, die sie im Krieg hinnehmen mussten. Als Kind bekam ich meinen Anteil in Form von Schoko- und Colalutschern, Eiswaffeln und all den anderen Köstlichkeiten, die man für ein paar Pfennige an jedem Kiosk kaufen konnte.

Andererseits entzifferte ich, soeben des Lesens mächtig, in der Zeitung Berichte über den Fund von Leichenteilen in Koffern, die in U-Bahnhöfen abgestellt worden waren. Männer ohne oder mit nur einem Bein saßen in eigenartigen hölzernen Fahrgestellen, die eine Mischung aus Fahrrad und Rollstuhl darstellten, und ruderten mithilfe großer Antriebshebel durch die Straßen.

Darüber kann ich mich bestens mit meinem Schwager unterhalten, der 1948 geboren ist, also in der Zeit der Luftbrücke, als Berlin allein durch Flugzeuge versorgt wurde, weil »die Russen« – wie die Erwachsenen zu sagen pflegten – die Zufahrtswege gesperrt hatten. Er meint, dass er als Kind täglich Kriegsblinde und Schwerbehinderte gesehen habe, die in der Stadt mit ihren Bauchläden Kurzwaren verkauften.

Und dann war da noch der »schwarze Max«! Er hatte ein amputiertes Bein (genauer gesagt hatte er es nicht mehr) und saß Tag für Tag mit seinem aufgedunsenen, roten Gesicht am Küchenfenster und drohte den Kindern (also uns) im Hof gelegentlich mit der Faust, wenn wir zu laut spielten.

Das größte Problem mit diesem Koloss, der hinter der Fensterscheibe wie ein Wiedergänger des Schauspielers

Heinrich George aussah, war, dass ich im selben Treppenhaus wohnte und an seiner Wohnungstür vorbeimusste. Jedes Mal rechnete ich fest damit, dass er plötzlich die Tür öffnete und mich in Stücke riss. Nichts passierte. Ich habe den »schwarzen Max« nie woanders als am Fenster gesehen. Aber in meiner Fantasie wirkte er sehr, sehr gefährlich. Ich war froh, dass ich immer meine Zündblättchenpistole dabeihatte, außer wenn ich zur Schule ging.

Der »schwarze Max« – ich weiß nicht, wieso er so genannt wurde – war in Wirklichkeit ein bemitleidenswerter, armer Mann, der durch seine Behinderung für immer ans Haus gefesselt war. Jeden Tag nichts anderes zu tun, als am Fenster zum Hof zu sitzen: Das ist ein sehr eingeschränktes Leben.

Apropos, Fenster zum Hof. Damit verbindet sich für mich noch eine andere angstvolle Erinnerung. Nein, nicht der Hitchcock-Film. Einmal – ich ging noch nicht zur Schule – musste meine Mutter etwas Wichtiges erledigen und konnte mich nicht mitnehmen. Da sie niemanden gefunden hatte, der mir Gesellschaft leisten konnte, blieb ich allein zu Haus. Ich hatte vielleicht noch nie so viel Angst wie in diesen ein, zwei Stunden. Ich saß am Küchenfenster (ein Stockwerk über dem »schwarzen Max«) und hoffte jeden Moment, meine Mutter möge zurückkehren. Möglicherweise war diese Erfahrung der Auslöser dafür, dass ich später zuweilen enorme Probleme damit hatte, allein zu sein.

Als Kind entwickelte ich für ein paar Monate einen Waschzwang. Ich hatte in der Zeit das Bedürfnis, mir wirklich sehr, sehr oft die Hände zu waschen. Die Mahnung vieler Eltern an ihre Kinder: »Wasch dir mal die Hände« war bei mir vollkommen unnötig. Woran es lag, weiß ich nicht. Es könnte der Versuch gewesen sein, meine Ängste zu bewältigen, sie gewissermaßen durch den Ausguss wegzuspülen. Ich verstand jedenfalls die Aufregung meiner Mutter deswegen nicht, weil ich mir sicher war, dass diese Angewohnheit nicht anhalten würde. Und so war es auch. Genauso rätselhaft, wie sie gekommen war, verschwand sie wieder.

Um allen Hobbypsychologen ein bisschen Futter zu geben, möchte ich zwei weitere mögliche Gründe als Erklärung anbieten. Vielleicht hatte ich bei unserer Hausärztin etwas missverstanden; denn ich weiß, dass ich nach einem Besuch bei ihr eine panische Angst vor Bakterien entwickelte. Außerdem hatte meine Lieblingstante zeitlebens einen Waschzwang. Identifizierte ich mich mit ihr? Hatte ich es mir bei ihr abgesehen? Oder lag die Disposition in der Familie? Wer weiß?

Glücklicherweise kam ich um einen Besuch beim Schulpsychologen herum. Meine Mutter hatte meine Klassenlehrerin um Rat gefragt und die hatte einen Termin für mich vereinbart. Erfolgreich bettelte ich so lange, bis meine Mutter diesen absagte. Hatte sie mit mir einen Deal geschlossen, freiwillig mit dem Quatsch aufzuhören? Keine Ahnung. Auf jeden Fall war es mit dem ständigen Händewaschen bald danach vorbei, auch ohne Behandlung.

Vielleicht war der Schulpsychologe ein freundlicher, kompetenter Mensch. Andererseits hätte er alles noch schlimmer machen können. Damals pflegte man Kinder, die eine kleine Macke hatten, mit einem kalten Strahl aus einem Wasserschlauch abzuspritzen. Was Freud wohl dazu gesagt hätte?

Außerdem war ich schüchtern. Ich hasste es, im Mittelpunkt zu stehen. Für mich persönlich war das kein Problem. Aber für die Lehrer. Sie liebten die Extrovertierten und übten mit uns allen kleine Dressurnummern ein. Gedichte aufsagen zum Beispiel, was ich besonders hasste. Es war mir ein absoluter Gräuel, schon aus ästhetischen Gründen. Indem man 35 Kinder denselben Text sprechen lässt, reitet man auch das beste Gedicht zu Tode. Diejenigen, die die Verse auf die verlogenste Art hinhauchten, heimsten das größte Lob ein. Die Lehrerinnen aber waren hingerissen von so viel falschem Gefühl.

Den Begriff »fremdschämen« gab es damals noch nicht. Aber genau das empfand ich, wenn sich eine KlassenkameradIn dazu verleiten ließ, dieses verdammte Gedicht mit der größtmöglichen Scheinheiligkeit vorzutragen und dabei so niedlich zu wirken, dass unsere Lehrerin vor Entzücken fast in Ohnmacht fiel.

Obwohl ich es stets so lange hinauszögerte wie möglich, musste ich die 20 Strophen irgendwann auch zum Besten geben, was mir leidlich gelang. Dieses Theater war aber weit davon entfernt, zu meiner Lieblingsbeschäftigung zu werden. Eine Mitschülerin, die ähnlich aufgeregt war wie ich, hatte meine volle Sympathie, besonders wenn unsere Lehrerin dann noch sagte: »Aber Lisa, du brauchst doch keine Angst zu haben!«

In den USA hätte ich meine LehrerInnen und die Schule wegen Diskriminierung von Introvertierten und anderer schwerer Delikte zu Schadenersatz und Schmerzensgeld in Millionenhöhe verklagen können. Aber hier und damals musste ich da einfach durch.

Den Freunden der Verhaltenstherapie möchte ich an dieser Stelle sagen: Es wurde mit keinem der Gedichte besser. So viele Gedichte möchte man überhaupt niemals aufsagen, um seine Schüchternheit zu überwinden. Vielleicht sollten die anderen lieber mal anfangen, etwas gegen ihre Extrovertiertheit zu unternehmen!

So, jetzt kennen Sie ungefähr die Umgebung, in der ich groß wurde und einige meiner frühen Ängste: kurz nach dem Zweiten Weltkrieg in der Hauptstadt des Irrsinns, überall noch Ruinen und Einschusslöcher in den Hauswänden. Um mich herum »die Russen«, quer durch die Stadt eine Mauer. Amerikanische Präsidenten und ihre Brüder, die regelmäßig zu Besuch kamen und dann in ihrer Heimat ermordet wurden. Im Haus jede Menge Versehrte und Verrückte. Die Schule mit ihren bisweilen merkwürdigen LehrerInnen und deren bizarre Vorliebe für endlose Lieder und Gedichte.

Als Kind schien mir dieser alltägliche Wahnsinn normal, weil ich nichts anderes kannte. In Grimms Märchen wimmelt es ja auch von den absonderlichsten Gestalten. Warum nicht in der Realität? Mir kam es vor, als sei ich in eine dieser abenteuerlichen Erzählungen geraten. Schlaraffenland, Knusperhäuschen, Hexen und böse Zauberer: Alles schien vorhanden.

Während ich die Grundschule noch als relativ harmlos empfand – der Unterricht war kurz und das Lernen hatte eine spielerische Note –, änderte sich dieses Bild in der Oberschule gründlich. Der Leistungsdruck nahm enorm zu. Viel zu viele Fächer mit viel zu viel Lernstoff machten das Unternehmen ziemlich anstrengend. Andauernd wurde geprüft. Sinnvolles Lernen war nur noch ausnahmsweise möglich. Zeitweise ging es den LehrerInnen nur darum, die Disziplin aufrechtzuerhalten; denn natürlich wurde gegen die Repressionen offen oder versteckt rebelliert. Der eigentliche Lehrplan vermittelte die Botschaft: Tut, was man euch sagt. Macht ein nettes Gesicht, auch wenn ihr den Unterricht blöd findet. Mir, dem Lehrer, macht die Schule sowieso keinen Spaß; warum dann euch, den Schülern? Die Arbeit wird euch später auch nicht gefallen. Am besten, ihr gewöhnt euch gleich daran.

Das fremdbestimmte Lernen widerstrebte mir. Die Aussicht, dass es mein ganzes Leben lang so weitergehen sollte, beunruhigte mich. Es war ein diffuses Unbehagen, das mich nicht losließ.

Der Fänger im Roggen

Meine Englischlehrerin bot mir an, ›Catcher in the rye‹ von Salinger zu lesen. Als Gegenleistung sollte ich ein Referat darüber halten. An Letzteres kann ich mich nur noch verschwommen erinnern, an das Buch jedoch sehr gut. Es war nicht diese elende, »literatürliche« Sprache, die sonst von RomanautorInnen so gerne gepflegt wird. Aber Salinger trug ja auch keinen breitkrempigen Dichterhut.

Keine Frage: Das Buch gefiel mir. Holden Caulfields Welt

war zwar nicht genau meine, aber seine Unlust, in die verlogene, kaputte Erwachsenenwelt einzutreten, konnte ich nachempfinden.

Genauso gut – was das Thema Angst angeht, sogar noch besser – fand ich »Working Class Hero«. Lennon beschreibt in seinem teilweise autobiografischen Song, wie die Gesellschaft ihre Kinder misshandelt und dann von ihnen erwartet, dass sie einen Beruf ausüben, obwohl sie so voller Angst sind, dass sie kaum richtig funktionieren können.

All die Jahre hatte ich beobachtet, wie MitschülerInnen aussortiert wurden, weil sie die verlangten Leistungen nicht erbringen konnten. Wie es in uns aussah, davon nahmen die LehrerInnen in der Regel keine Notiz. Wegen meiner guten Noten hatte ich nicht direkt unter der »Auslese« zu leiden. Aber ich verabscheute ein System, das solchen Druck erzeugte.

Nur wer bereit war, sich erfolgreich dressieren zu lassen, um ein Rädchen im Getriebe zu werden, das sich reibungslos drehte, genoss das uneingeschränkte Wohlwollen der Autoritäten.

Ab und zu kam es in der Schule zu kleineren »Aufständen«, aber das führte allenfalls für ein paar Tage zu Unruhe unter den Lehrern. Danach hatten sie die Sache wieder im Griff.

Obwohl ich damals schon wusste, dass ich in irgendeiner Form später schreiben würde, wollte ich aufgrund dieser direkten Erfahrung von Unterdrückung und Willkür erst einmal wissen, welche Rechte und Pflichten mir die Gesellschaft zuteilte. Daher entschied ich mich für das Jura-Studium.

Wie ich bald lernte, entsprach meine Beurteilung der Schule genau der juristischen Lehre. Schule wurde wie das Militärwesen und das Gefängnis im Verwaltungsrecht als »Besonderes Gewaltverhältnis« aufgefasst. Das bedeutete, dass die Rechte der Schüler eingeschränkt waren und die Anordnungen des Lehrpersonals nur in Ausnahmefällen gerichtlich angegriffen werden konnten.

Heute spricht man euphemistisch von »Sonderrechtsverhältnissen«, was insofern korrekt ist, als physische Gewalt in Schulen seitens der Lehrer untersagt ist. Tätliche Übergriffe gab es auch in meiner Schulzeit schon nicht mehr. Die Unterdrückung lief subtiler ab. Trotzdem verheißt der Begriff »Sonderrechtsverhältnis« nach wie vor nichts Gutes.

Ist hier jemand?

Der Wechsel von der Schule zur Universität war insofern ein Vorteil, als es keine Anwesenheitspflicht gab. Natürlich konnte man ohne ein Minimum an Präsenz am Fachbereich die für das Examen notwendigen Teilnahmebescheinigungen und Leistungsnachweise nicht schaffen. Aber in der Wahl der Veranstaltungen und Professoren war man im Rahmen der Studien- und Prüfungsordnung frei.

Wer einigermaßen klug war, »funktionierte« das Studium »um«. Dieser Begriff baute auf einem Interessengegensatz zwischen »denen da oben« und »uns hier unten« auf. »Die da oben« wollten natürlich, dass man das lernte, was ihnen passte. Stattdessen studierte man tunlichst, was den eigenen

Interessen diente. Einige Professoren und Assistenten unterstützten diesen Ansatz. Deshalb galt die FU Berlin als »linke« Universität, was in der Gesamtheit vollkommener Blödsinn war.

Immerhin galt nach der Zeit des Faschismus in Westdeutschland und Berlin eine liberale Verfassung. Andere Meinungen durften publiziert und gelesen werden. Man durfte nur nicht erwarten, dass jemand einen aufforderte, kritische Texte zu lesen.

In der Schule hatte ich beispielsweise nie erfahren, wer (außer Hitler) die Nazis waren, welche gesellschaftlichen Kreise die Faschisten gefördert und an die Macht gebracht hatten. Für meine LehrerInnen war das ein zu heißes Eisen. In der Grundschule hatte ein Mitschüler ganz harmlos gefragt, welche Stadt in Deutschland die Hauptstadt sei. Die Lehrerin fuhr ihn wütend an, ob er das nicht wisse, gab aber keine Antwort. Von wegen: Es gibt keine dummen Fragen.

In unseren Atlanten war die Oder-Neiße-Grenze nicht anerkannt. Ost- und Westpreußen waren lediglich polnisch bzw. russisch besetzt. Deshalb verwundert es wohl keinen, dass wir in Geschichte immer nur bis zu Napoleon kamen. Über die jüngste Vergangenheit wollte kein Lehrer sprechen. Und über die politischen Kräfteverhältnisse in Deutschland schon gar nicht. Stattdessen lernten wir die binomischen Formeln. Die waren unverfänglich.

Mit meinen Fragen blieb ich jedenfalls bis zum Studium allein. Es dauerte dann noch einmal zwei, drei Jahre, bis ich verstand, meine ungewohnte Freiheit zu nutzen. Damit die Studierenden nicht mehr auf dumme Gedanken kommen, haben Politiker die Freiheiten, die es damals noch gab, inzwischen beschnitten und das Studium verschult.

Ein Seminar, in dem man lernen konnte, wie man selbstständig und kritisch lernt, hat mir am meisten geholfen. Da der Stoff nicht examensrelevant war, waren wir, den Professor eingerechnet, zu siebt. Er empfahl uns die Lektüre eines schmalen Bändchens mit dem Titel ›Uni-Angst und Uni-Bluff‹. Der Autor Wolf Wagner schilderte präzise die Situation in den meisten Seminaren. Im Prinzip setzt jeder ein kluges Gesicht auf und tut so, als ob er alles wüsste. Alle Strategien dienen dem Zweck, Wissenslücken zu verbergen, obwohl klar ist, dass niemand den gesamten Stoff beherrschen kann, nicht einmal die Hochschullehrer. Das ist der Uni-Bluff. Dieses Verhalten erzeugt die Uni-Angst, weil die Gefahr besteht, dass das Vortäuschen von Wissen jederzeit auffliegt. Das Buch ist heute noch lieferbar. Die mehrfachen Überarbeitungen haben dem ursprünglichen Text leider nicht gut getan. Die erste Auflage gefällt mir immer noch am besten.

Wagner schreibt, dass die Erfolgszuversichtlichen bessere Chancen in der Prüfung haben als die Misserfolgsängstlichen. Die Prüfer seien – anders als die PrüfungskandidatInnen oft glauben – nicht daran interessiert, sie durchfallen zu lassen. Eine große Rolle spiele aber, wie die KandidatInnen sich aus der Affäre ziehen, insbesondere wie sie mit ihrem Prüfungsstress umgehen.

Diese Aussagen deckten sich mit meinen Beobachtungen, die ich in der Schule gemacht hatte. Die »Mittelmäßigen«, die sich gut verkaufen konnten, schnitten wesentlich besser ab als die »Intelligenten«, die vergessen hatten, sich das richtige Image zuzulegen. Eine gewisse Erfolgsintelligenz war wichtiger als alles andere.

Niemand hatte mir gesagt, dass Jura so verblüffend einfach war. Im Prinzip brauchte man nur die höchstrichterlichen Urteile abzuschreiben. Die meisten Professoren und Assistenten taten natürlich alles, damit der Schein der Wissenschaftlichkeit gewahrt blieb. Wenn man wissen wollte, was es mit der sogenannten Rechtswissenschaft auf sich hatte, musste man das schon selbst herausfinden. Wem das nicht gelang, der brach das Studium ab oder wechselte das Fach.

Nicht dass Sie sich über meine Schreibweise wundern, wenn ich von Professoren spreche. Mit Ausnahme von Frau Limbach, die später Präsidentin des Bundesverfassungsgerichts wurde, lehrte und forschte am Fachbereich Jura der Freien Universität Berlin keine Professorin. Und Frau Limbach war als Vertreterin der Rechtssoziologie eigentlich keine »richtige« Juristin.

Die Rechtssoziologen waren die Paradiesvögel des Fachbereichs, genau wie die Rechtsphilosophen. Wer wollte, konnte sich mit den Letzteren sogar über Gerechtigkeit unterhalten. Das tat aber kaum jemand. Rechtssoziologische und rechtsphilosophische Themen waren nicht prüfungsrelevant, es sei denn, man hatte sich für die entsprechenden Wahlfächer entschieden. Deshalb machten fast alle einen großen Bogen darum. Ich bildete da keine Ausnahme. Inzwischen hatte ich die Hoffnung aufgegeben, in der Rechtswissenschaft leidenschaftlich über Gerechtigkeit zu diskutieren. Bei einem kleinen Ausflug in die Rechtsphilosophie waren mir die Füße eingeschlafen.

Bluff und Angst existieren nicht nur an der Universität. Sie haben die Gesellschaft wie eine Krake im Griff. Lernen ist unter diesen Umständen schwierig. Der größte Nachteil der sozialen Angst ist jedoch, dass sie einsam macht. Genau das war mir in den ersten Semestern passiert. Aber glücklicherweise war ich zur psychologischen Studienberatung gegangen. Dort hatte ich die entscheidenden Tipps bekommen, um mein Studium abschließen zu können. Mehr noch: Ich hatte begriffen, dass es ein Leben außerhalb der Uni gab.

DIE SUCHE

Nachdem ich den Schlüssel zur Überwindung meiner Ängste bereits in Händen hielt, verliere ich ihn wieder. Wie kann das sein? Ich begebe mich erneut auf die Suche und lande im Dschungel der Therapien. Für mich haben sie eines gemeinsam: Sie helfen mir nicht. Mal ist es Entertainment, mal Psychodrama. Ich begegne Therapeuten, die mir beweisen, dass die Alltagsmeinung, Psychologen hätten eine Vollmeise, manchmal durchaus ihre Berechtigung hat. Angst ist ein Geschäft, mit dem sich prima verdienen lässt, vor allem wenn die Therapien wirkungslos sind und die Klienten Dauerpatienten werden.

Bruchlandung

Nach dem Studium ging ich zur weiteren Ausbildung nach Hamburg. Die Stadt gefiel mir und ich lebte mich schnell gut ein. Allerdings gab es bald ein erstes Anzeichen für die weiteren Probleme, die auf mich zukommen sollten. Eines Morgens wachte ich auf und dachte: »Jura ist nichts für mich.«

Trotzdem setzte ich das Referendariat fort und fand es nicht einmal uninteressant. Es begeisterte mich nicht, aber es war okay. Ich verdiente Geld damit und im Grunde genommen war es nicht mehr als eine Halbtagstätigkeit. Die Ausbildung ließ mir viele Freiheiten. Ich hatte mich arrangiert.

Auf Dauer konnte ich mich aber um eine Berufsentscheidung nicht herumdrücken. Nach der Ausbildung nahm ich eine Stelle in der Personalabteilung eines in Hamburg ansässigen Konzerns an. Ich war dort hauptsächlich für die Rechtsfragen zuständig, die die Betriebsrenten betrafen. Im Referendariat hatte ich mich auf Arbeitsrecht spezialisiert und das hatte ich nun davon: Betriebsrenten! Na, Wahnsinn!

Dass ich als Jurist gut mithalten konnte, merkte ich schnell. Ich bekam die Bearbeitung einer Akte übertragen, die ziemlich knifflig war. Betriebsrentenrecht war mir trotz meiner Spezialisierung noch weitgehend fremd. Deshalb musste ich mich erst einmal eine Woche lang in das Gebiet einarbeiten. Die Akte war ebenfalls schwierig, weil es sich um einen Mitarbeiter des Konzerns handelte, der offensichtlich ein Querulant war. Es gehörte aber zum Stil der Firma (und zu meinem!), trotzdem sachlich auf seine Klage zu erwidern. Nach zwei Wochen hatte ich den Schriftsatz fertig. Mir kam das sehr lange vor. Deshalb wusste ich nicht, wie mein Einstand in der Abteilung ankam. Am nächsten Tag jedoch beglückwünschten mich meine Kollegen zu meiner Arbeit. Sie hatten mir diejenige Akte übergeben, an die seit Monaten keiner heranwollte. Ihnen gefielen der Inhalt und der Ton.

Einige Zeit später verlor ein Kollege seinen Prozess. Er war von der Richterin in der mündlichen Verhandlung überrumpelt worden. Ich sagte ihm, was er hätte anders machen können. Es gab in der Verfahrensordnung eine versteckte und daher wenig bekannte Regelung, die ihm aus der Klemme geholfen hätte. Er bedankte sich und ging zu unserem Chef, um seinen Fehler einzugestehen, was ich völlig überflüssig fand.

Von dem Tag an verhielt sich der Kollege mir gegenüber etwas reserviert. Offenbar dachte er, dass er einen Gesichtsverlust erlitten hatte. Das lag nicht in meiner Absicht. Da ich weder vom Uni-Bluff noch sonstigem Getue etwas hielt, ging ich selber mit Fehlern sehr unbefangen um. Aber ich merkte allmählich, dass ich damit allein dastand. Das machte die Zusammenarbeit schwierig. Wenn man nicht mehr über die Sache reden kann, ohne die Macken jedes anderen mitzubedenken, geht man wie über ein Minenfeld.

Zwei Ereignisse waren sehr aufschlussreich für mich. Nach einigen Wochen wollte der Personalvorstand den

»Neuen« kennenlernen. Er kam zusammen mit meinem Chef sogar in mein Büro. Dieser hatte mich vorgewarnt. Eigentlich waren das alles nette Gesten. Dass wir aber in verschiedenen Welten lebten, merkte ich, als mich der Geschäftsführer jovial fragte, ob ich einer von diesen »Sozialklempnern« sei, die jetzt von der Uni kämen. Wir lachten alle herzlich.

Ein anderes Mal bekam ich Besuch von einem Mitarbeiter, der aus betriebsbedingten Gründen vor der Kündigung stand. Er wollte wissen, mit wem er es in der Arbeitsrechtsabteilung zu tun hatte. Der Mann war unglaublich qualifiziert. Er war Architekt, sprach fünf Sprachen fließend und war für den Konzern überwiegend im Ausland tätig. Aber die Geschäfte liefen schlecht und sein Arbeitsplatz war weggefallen. Es ging für ihn nur noch darum, sich einen gut bezahlten Abgang zu verschaffen.

Dieser lebenserfahrene, weltgewandte Mensch klärte mich auf: »Wenn Sie in einem Konzern wie diesem in der Hauptverwaltung Karriere machen wollen, müssen Sie um jeden Quadratmeter kämpfen. Ein immer größeres Arbeitszimmer, mehr Mitarbeiter, mehr Geld und schließlich das Büro in der Dachetage und jeden Morgen einen frischen Blumenstrauß: Das ist dann das Nonplusultra.« Wir lachten beide, aber diesmal war es einverständlich.

So beklemmend-lustig war es aber selten. Ich fühlte mich gefangen in einem goldenen Käfig. Mein Einkommen war sehr gut und ich hatte mehrmals die Gelegenheit, weiter aufzusteigen. Aber ich wollte nicht. Ich hätte mich dadurch immer weiter in dieses Netz verstrickt. Was andere als Auszeichnung empfunden hätten, nervte mich. Ich vertrat den Konzern vor den Arbeitsgerichten im ganzen Bundesgebiet. Das bedeutete häufige Flugreisen. Davor hatte ich ausnahmsweise keine besondere Angst. Nur die Aussicht, zusammen mit einigen Dutzend Businessanzügen entführt zu werden, machte mir Sorgen. Es war nicht meine Welt. Mir fehlte die Freiheit. Morgens um fünf Uhr aufzustehen, um mich um 6:30 auf dem Flughafen einzuchecken, erschien mir sinnlos. Die Schaukämpfe in den mündlichen Gerichtsverhandlungen stießen mich ebenso ab. Meine eigenen Neurosen waren schon schwer genug zu ertragen. Jetzt auch noch mit denen der anderen, der RichterInnen und RechtsanwältInnen und meiner KollegInnen, leben zu müssen, steigerte mein Unwohlsein. Was tun? Inzwischen war ich mit meiner Freundin zusammengezogen. Das war einerseits großartig. Andererseits kam mir das Leben in einer großzügigen Altbauwohnung mit sehr biederen Nachbarn ebenfalls wie eine Falle vor. Irgendetwas stimmte nicht. Aber ich konnte es nicht genau orten.

Ich merkte nur, dass ich immer unglücklicher und ängstlicher wurde. Ich rechnete aus, was ich pro Stunde verdiente, um mir die 40 Stunden schmackhaft zu machen, aber es half nicht. Noch etwas bereitete mir Kopfschmerzen. Offensichtlich trug ich die Schatten meiner Vergangenheit mit mir herum. Ich konnte gehen, wohin ich wollte. Ich wurde sie nicht los. Mir war vollkommen klar, dass meine Freundin ganz anders war als meine Mutter. Den Fehler, mir eine ähnliche Person zu suchen, hatte ich nicht gemacht. Trotzdem löste das Zusammenleben mit ihr undefinierbare Ängste aus, derer ich nicht Herr wurde.

Erst später verstand ich, was da passierte. Bestimmte äußere Muster können die inneren »triggern«, das heißt hervorrufen. So ähnlich wie Menschen, die von einem Hund gebissen werden, manchmal eine bleibende Angst vor allen Hunden entwickeln, selbst den lieben.

Ich gab den Job bei dem Konzern auf und suchte mir eine Stelle, wo ich als Jurist überwintern konnte, bis mir etwas Besseres einfiel. Die Ratschläge, die mir Herr Müller von der psychologischen Studienberatung gegeben hatte, waren längst vergessen.

Ist Therapie nur etwas für Verrückte?

Eigentlich zählte ich meine Sorgen nicht, nur einmal, als ein Therapeut mir vorschlug, meine Ängste aufzulisten. Es kamen am Ende zehn DIN-A4-Seiten dabei heraus. Ich war auf dem Höhepunkt meiner Angstkarriere. Die Angst hatte sich generalisiert.

Nebenbei gesagt, blieb ich nur kurz bei diesem Therapeuten, weil mir sein Ansatz zu problemorientiert schien und meine Ängste nicht kleiner, sondern größer wurden. Deshalb kann ich über den Ratschlag: »Gehen Sie mit Ihren Problemen zu einem Arzt oder Therapeuten. Dort wird Ihnen kompetent geholfen« nur lachen.

Der andere Grund lag darin, dass ich inzwischen auch eine Höhenangst entwickelt hatte und der Therapeut seine Praxis im sechsten Stock eines Hauses ohne Fahrstuhl hatte. Hinauf führte nur eine enge Wendeltreppe. In der Mitte befand sich ein umso größerer Schacht. Wäre ich diese Treppe ohne Probleme hinaufgekommen, hätte ich die Therapie nicht nötig gehabt.

Die Situation erinnerte mich an einen Cartoon von Gary Larson: An der Außenwand eines Hochhauses hängt ein Käfig. Darin befinden sich ein Mann und eine Schlange. Durch ein Fenster schaut ein alter Mann mit Brille und Schnauzer auf diese Szene. Unter der Zeichnung steht:»Wie Dr. Strange einmal Höhenangst, Klaustrophobie und die Angst vor Schlangen gleichzeitig behandelte.«

Ich war also zurück in der Hölle. Die Kulissen hatten sich gewandelt, aber das Stück war immer noch dasselbe. Die Arbeit als Jurist gefiel mir nicht. Die Vollzeittätigkeit fraß mein Privatleben weitgehend auf. Die HamburgerInnen? Sehr distanzierte Menschen, die auf Zugereiste hanseatisch-versnobt herabblicken. Ich fühlte mich trotz meiner neuen Partnerschaft isoliert. Den Soundtrack dazu lieferte jetzt Bob Marley:»You're running and you're running and you're running away, but you can't run away from yourself.«

Nebenan lebte eine Nachbarin, die seit Jahren nur noch im Notfall die Wohnung verließ. Sie hatte Angst vor der Welt. So wollte ich jedenfalls nicht werden. Ich zwang mich, trotz meiner Ängste ein relativ normales Leben zu führen. Aber es war so verdammt anstrengend.

Meine Freundin reagierte auf meine Ängste sehr verständnisvoll und machte mir keinen Druck. Aber entgegen dem Mythos heilt Liebe leider nicht alles.

Es wird Sie nicht überraschen, wenn ich sage, dass ich auch Angst vor einer Psychotherapie hatte. Psychologische

Studienberatung: Das ging noch so gerade eben. Aber hieß Therapie machen nicht, dass man verrückt war? Den Eindruck hatte ich trotz meiner Probleme nicht von mir. Aber was würden die anderen sagen?

Würden sich in der Therapie nicht innere Abgründe auftun, in die ich lieber nicht blicken wollte? Lauerten nicht im Unterbewussten Gefahren, die alles übertreffen würden, was ich bisher kannte? Was, wenn die Therapeuten mir nicht helfen könnten? Dann wäre die letzte Hoffnung gestorben.

Manchem mögen meine damaligen Vorbehalte albern vorkommen. Aber sie sind bei vielen Menschen noch heute, mehr als 20 Jahre später, sehr verbreitet. Ein Freund von mir, dessen Macken für andere mit Händen greifbar waren und der ständig neue Krankheiten produzierte, war froh, wenigstens nichts Psychisches zu haben. Dass seine Psyche seinen Körper ruinierte, kam ihm nicht in den Sinn.

Viele Fußballprofis meiden selbst Sportpsychologen wie die Pest. Einige Trainer haben dieselbe Einstellung: »Wir brauchen keine Psychologen. Wir kommen ohne sie zurecht.« Hauptsache, nicht schwul und nichts mit dem Kopf, lautet die Devise. Von außen gesehen scheint das lächerlich. Aber die Betroffenen haben wie ich damals veritable Angst vor ihrem Innenleben.

Papa Freud

Muss man sich an seine frühesten Ängste erinnern und sie wieder erleben, um sich ein für alle Mal von ihnen zu befreien? Muss man den Beginn des Ganzen entdecken, damit der Spuk aufhört? Ich glaube nicht.

Es kann aufschlussreich sein, sich die Kindheit vor Augen zu führen, aber dadurch ändert sich in der Gegenwart wenig bis gar nichts. Die Vergangenheit ist vorbei. Sie war, wie sie war. Für die meisten ist sie eine Mischung aus guten und schlechten Erinnerungen. Jedenfalls war es bei mir so.

Wann meine Ängste begannen, weiß ich nicht. Ich kann sie nicht auf ein einschneidendes Erlebnis zurückführen. Es war vielmehr ein Prozess, der sich langsam steigerte. Nicht linear, sondern in Sprüngen, chaotisch und unvorhersehbar.

Ebenso wenig hatte ich ein herausragendes Befreiungserlebnis, auch wenn die Erkenntnisse, die ich in der psychologischen Studienberatung gewonnen hatte, einen ersten wichtigen Schritt in diese Richtung bedeuteten. Ich kann nicht sagen: Als das und das passierte, ging es mir wieder gut. Weitere Schritte waren nötig, bis mir irgendwann auffiel, dass ich nur noch selten Angst verspürte. Ich merkte es, selbst ein wenig überrascht, in Situationen, die mir vorher zu schaffen machten.

Es gab keine bestimmte Angst, an der ich meine Auseinandersetzung mit diesem Gefühl festmachen könnte. Nein, es waren verschiedene Ängste, die ich erst mit der Zeit besser verstand. Leider waren es irgendwann so viele geworden, dass ich mich fragte, ob ich auf dem besten Weg sei, mich vor allem zu ängstigen. Dieser Gedanke machte mir natürlich sofort wieder Angst.

Psychoanalyse ist für viele die Mutter aller Therapien. Sie gilt manchen noch heute als der Königsweg. Die Psychotherapie-Forschung hat dieses Bild nicht bestätigt. In den USA haben Therapeuten wie Albert Ellis und Aaron Beck schon in den 1950er-Jahren erkannt, dass die Psychoanalyse lange dauert und keine befriedigenden Ergebnisse bringt.

Deshalb habe ich nie in Erwägung gezogen, es damit zu versuchen. Die Vorstellung, dass aus der griechischen Mythologie entlehnte Modelle mir helfen sollten, meine Probleme zu lösen, erschien mir absurd. Eine Freundin hatte drei Jahre lang drei bis vier Mal in der Woche erfolglos Psychoanalyse gemacht. Es gefiel ihr zwar, sich mit einem gebildeten Menschen so intensiv zu unterhalten, aber ihre Ängste und die übrigen Probleme hatten sich nicht im Geringsten verändert.

Ein Freund kämpfte mit Depressionen und sah sich als selbstmordgefährdet an. Als es besonders schlimm wurde, begab er sich in stationäre Behandlung in einer Uniklinik. Nachdem die akute Phase vorüber war, sprachen die Ärzte mit ihm über das weitere Vorgehen. Er wollte wissen, ob er eine Psychoanalyse beginnen sollte. Die Ärzte rieten ihm ab: »Nein, dafür müssten Sie kerngesund sein.«

Seit sich gezeigt hat, dass die Kognitive Therapie zu den wenigen Psychotherapie-Verfahren gehört, die sich in Studien als wirksam erwiesen haben, haben natürlich viele Analytiker diese Methode übernommen, ohne dies allerdings immer zuzugeben. Vertreter der klientenzentrierten Gesprächspsychotherapie haben ebenfalls dazugelernt. Manche behaupten heute, Carl Rogers habe im Grunde genommen nie etwas anderes praktiziert als Kognitive Therapie. Na ja, wer's glaubt, wird selig.

Eine tolle Spielwiese

Bereits in Berlin hatte ich das Buch eines Psychotherapeuten gelesen, der in Hamburg lebte. Es ging darin zwar nicht um Ängste, war aber faszinierend geschrieben. Der Gedanke, dass ich zu diesem Therapeuten gehen könnte, wenn es ganz schlimm würde, tröstete mich. Nun war ich in Hamburg und es war ganz schlimm. Also meldete ich mich an. Der Therapeut – nennen wir ihn Helmut – fragte mich, ob ich Lust hätte, an einer Gruppe teilzunehmen, die zwischen Selbsterfahrung, Ausbildung und Therapie angesiedelt sei.

Nun war ich nicht unbedingt derjenige, der sich darum riss, in Gruppen mitzumachen, schon gar nicht in einer Therapiegruppe. Da ich aber unbedingt meine Ängste loswerden wollte, sagte ich Ja. Zu meiner Überraschung machten mir die wöchentlichen Gruppenabende großen Spaß. Helmut verstand es, so viel gegenseitiges Vertrauen zu schaffen, dass jeder seine Fassade fallen ließ und seine Probleme auf den Tisch legte. Das fand ich ungewöhnlich, weil im Alltag die meisten Menschen alles tun, um nicht in ihr Innerstes schauen zu lassen.

Immer die Maske hochzuhalten, ist sehr anstrengend. Außerdem ist es vollkommen nutzlos. Man macht sich selbst am meisten vor, während die anderen schon längst mitbekommen haben, was mit einem los ist. Mir war vorher nicht bewusst, dass man über seine Gestik und Mimik, die Körperhaltung, die Kleidung und vieles mehr sowieso das meiste von sich preisgibt. John Lennon hat es so gesagt: »One thing you can't hide, is when you're crippled inside.« Egal wie man innen ist: Es spiegelt sich im Äußeren, ohne dass man es mit Worten ausdrücken muss.

Natürlich ist nicht jeder ein aufmerksamer Beobachter. Aber wenn man darauf achtet, teilt sich einem die Befindlichkeit eines Menschen mit. Manchmal, wenn ich S-Bahn fahre und andere ungestört beobachten kann, »lese« ich, was mir mein Gegenüber über sich offenbart. Es ist jedes Mal mehr, als ich im ersten Moment wahrgenommen habe.

Besonders überrascht bin ich, wenn zum Beispiel die Frau auf der nächsten Bank ein Mann ist. Einige Transsexuelle haben sich viel Mühe gegeben, als Frau zu erscheinen. Ich denke manchmal: »Wirklich gut gemacht, täuschend ähnlich.« Aber allein durch Operationen und Hormone kann man sein Geschlecht nicht ändern. Es steckt in jeder einzelnen Zelle. Irgendwo bleiben feine Unstimmigkeiten, die man bemerken kann, vielleicht in den Bewegungen, im Verhalten oder in der Körperstruktur.

Vor der Teilnahme an der Therapiegruppe wusste ich nicht, wie kreativ man seine Gefühle darstellen kann. Man kann seine Probleme tanzen, malen, singen, erzählen, spielen und so weiter. Schauen Sie die verschiedenen Therapieangebote an. Dann wissen Sie, mit welchem Ausdruck gearbeitet wird: Gesprächstherapie, Maltherapie, Tanztherapie etc.

Der Haken an der Sache ist, dass die Äußerung des Problems keine Therapie darstellt. Genau das war auch die Krux bei Helmuts Therapiegruppe. Es war großes Theater, tolles Entertainment, die ideale Spielwiese. Aber nach zwei Jahren musste ich feststellen, dass sich in meinem Alltag nichts geändert hatte. Meine Ängste waren dieselben geblieben.

Helmut interessierte das nicht. Weitermachen, weitermachen, hieß die Devise. So hielt er es selbst. Er wanderte von einer Ausbildungsgruppe zur nächsten. Für uns war das durchaus vorteilhaft. Wir bekamen 1001 verschiedene Therapien zum Preis von einer.

Besonders wenig mochte es Helmut, wenn ich mir überlegte, wie ich aus meinem ungeliebten Beruf herauskommen könnte. Die Zukunft war nicht seine Sache. Das Verhältnis zu den Eltern war wichtig, bis in die kleinsten Verästelungen. Die Vergangenheit galt es anzuschauen, bis in frühere Inkarnationen. Wenn man sich lange genug mit dem Inneren beschäftigte, würde sich eines fernen Tages (in einem anderen Leben?) das Äußere von allein regeln: vom Sein zum Tun zum Haben. Das war das Versprechen.

So lange wollte ich nicht warten. Ich hatte genug im Kreis getanzt, mit den anderen gelacht und geweint, Wochenendausflüge in Therapiezentren (all-inclusive!) unternommen. Ich war gestorben, wiederauferstanden, hatte mir Briefe geschrieben und diese anschließend auf dem Klo verbrannt, hatte Runen geworfen und gedeutet, mich in ein Krafttier verwandelt: Ich könnte allein darüber ein Buch schreiben.

Einsichten änderten nichts. Gefühle auszudrücken, änderte nichts. Massage und Bewegung änderten nichts. Bei mir nicht und bei den anderen anscheinend ebenfalls nicht. Es war sehr unterhaltsam, aber auch das änderte nichts.

Eine kleine Korrektur dieser Aussagen ist nötig: Wenn man mit einer Schrotflinte schießt, die mit 1001 Therapien geladen ist, kommt es natürlich ab und an zu einem Treffer. Die Wirkung hielt sich jedoch in engen Grenzen. Die Gruppentherapie und der Alltag blieben zwei verschiedene Welten. Die eine hatte mit der anderen wenig zu tun. Kleine Oasen der Erholung in Form wöchentlicher Gruppensitzungen reichten mir nicht. Ich war entschlossen, meine Ängste noch in diesem Leben zu überwinden.

Das innere Kind

Die Arbeit mit inneren Teilpersönlichkeiten mag manchmal sinnvoll sein. Ich brauchte sie jedoch nicht, um mich von meinen Ängsten zu befreien. Auf viele TherapeutInnen übt die Personifizierung von Gedanken und Gefühlen jedoch einen magischen Reiz aus. Vielleicht finden sie die Methode unterhaltsamer, als sich tagein, tagaus die immer gleichen Klagen ihrer PatientInnen anzuhören.

Ein bisschen inneres Theater bringt viel mehr Leben in die Bude. Fehlen eigentlich nur noch die Fingerpuppen oder das Kasperletheater. Theaterschminke und Pappnasen wären auch nicht schlecht.

Nur die Fantasie setzt diesem Treiben Grenzen. Der innere Kritiker, der innere Antreiber? Wunderbar. Hänsel und Gretel? Her damit. Der innere Storch? Ungewöhnlich, aber warum nicht?

Wirklich schwierig wird es erst, wenn so viele Teilpersönlichkeiten sich zu Wort melden, dass eine Konferenz notwendig wird. In diesem Fall braucht man eine Moderation.

Sonst reden alle durcheinander. Schließlich möchten alle etwas sagen. Dann kommt man womöglich an der Aufstellung einer Rednerliste und einer Redezeitbegrenzung nicht vorbei.

Wenn man diese Arbeit richtig aufzieht, kann es ein ganz interessanter Nachmittag werden. Im Idealfall werden Wochen, Monate und Jahre daraus. Eine Frage sollte man dabei lieber nicht stellen; denn sie würde das Spiel nur stören:

Welche Probleme werden dadurch gelöst?

Paniktropfen

Als ich 15 war, hatte mir meine Ärztin Beruhigungstabletten verschrieben. Ich las den Beipackzettel. Danach war das Thema für mich erledigt. Ich hatte keine Lust, von dieser legalen Droge abhängig zu werden. Trotzdem haben mir die Pillen geholfen. Ich hatte sie immer in der Tasche, für den Notfall. Diese Form der Abhängigkeit reichte mir. Nach einigen Monaten hörte ich wieder damit auf.

Danach bin ich nie wieder auf die Idee gekommen, dass ein Mediziner etwas zur Lösung meiner Probleme beitragen könnte. Vor ein paar Jahren ging die Schlagzeile durch die Presse, dass deutsche ÄrztInnen die Tablettensucht fördern. Mehr als 1,5 Millionen Menschen erhalten Schlaf- und Beruhigungsmittel länger, als dies ratsam ist. 800 000 Patienten würden pro Jahr zu Dauerkonsumenten.

In Frankreich nehmen sogar 3,8 Millionen Menschen regelmäßig Beruhigungsmittel, 8,9 Millionen gelegentlich. Innerhalb eines Jahres haben dort 19 Prozent der Befragten solche Tabletten geschluckt.

Hopfen beruhigt ebenfalls. Wahrscheinlich ist Bier deshalb so beliebt. Es ist rezeptfrei und – wie eine Brauerei in ihrer Werbung in Abwandlung eines Goethe-Zitats sagte –»edel, hilfreich, gut«. Alkohol wird generell gerne zur Entspannung getrunken. Das Gedeck für den Herrn (ein Bier und ein Korn) oder das Likörchen für die Dame: Nicht selten versteckt sich dahinter der Wunsch, die Angst zu dämpfen. Alkohol sah ich nie als eine Option an, meine Ängste zu betäuben. Ich hatte in meiner Familie genügend Beispiele erlebt, um zu begreifen, dass Alkohol die Probleme nicht löst, sondern zusätzliche schafft.

Haschisch oder andere Drogen schloss ich ebenfalls aus. Bei Mitschülern hatte ich gesehen, dass sie sich subjektiv vielleicht besser fühlten, aber objektiv betrachtet ging es mit ihnen bergab.

Vergessen wir nicht die rein pflanzlichen Stoffe der harmloseren Art. Im mündlichen Examen waren wir zu fünft. Eine Kandidatin aus meiner Gruppe hatte eine große Flasche Baldriantropfen dabei. In jeder Pause nahm sie einen kräftigen Schluck daraus.

Ich hatte nichts dabei. Ich verließ mich auf das ABC, das mir Herr Müller beigebracht hatte. Die Prüfung konnte mich überhaupt nicht nervös machen. Das konnte nur ich selbst mit meinen Gedanken. Also unterließ ich, soweit es ging, alle beunruhigenden Überlegungen und hielt mich am Prüfungstag von allen Gesprächen fern, die geeignet waren, Panik auszulösen.

Durch Zufall war ich auf eine Anleitung zum mentalen Training gestoßen, wie sie von SportlerInnen häufig angewendet wird. Ich hatte mir in den Wochen zuvor immer wieder vorgestellt, wie ich die zu erwartenden Situationen bewältigen würde, angefangen vom Aufstehen am Morgen über die Mittagspause bis zum Abschluss des insgesamt fünfstündigen Prüfungsmarathons. Dieser Plan bewährte sich im Ernstfall hervorragend.

Eigentlich hatte ich als Teenager bereits die Macht der Gedanken erfahren. Die Tatsache allein, dass ich die Beruhigungspillen in der Hosentasche trug, konnte mich ja nicht beruhigen. Wohl aber die Vorstellung, jederzeit eine Tablette schlucken zu können. Es war die Überlegung:»Ich kann mir helfen, ich werde mit jeder Situation fertig«, die mich entspannte. Wenn es mir gelingen würde, mich von diesen Sätzen zu überzeugen, ohne ein Medikament dabeihaben zu müssen, wäre die Angst gebannt. Aber so weit war ich damals noch nicht.

Eine Klientin, die Coachingstunden bei mir nahm, berichtete kürzlich das Gleiche. Sie war kurz vor einer Panikattacke. Ihre Hände griffen nach den Beruhigungstabletten. Noch *bevor* sie sie in den Mund stecken konnte, entspannte sie sich.»Tine, was bist du doch für ein dummes Luder«, dachte sie. Bis zu diesem Zeitpunkt hatte sie geglaubt, dass nur ihr Medikament ihre Panik beseitigen könnte. Jetzt hatte sie zu ihrer eigenen Überraschung die Erfahrung gemacht, dass allein ihre Erwartung, sich zu entspannen, ausreichte, um diese Wirkung zu erzielen.

Außer bei Helmut war ich noch bei zwei anderen Therapeuten. Aber das brachte noch weniger. Der eine namens Harald dachte, ich sei zu seiner Unterhaltung da. Er schlug vor, dass ich ihm mein Leben erzähle. Nach der dritten Stunde, in der er sichtlich interessiert und neugierig meinem Bericht zugehört hatte, sagte er: »Da ist noch viel Musik drin.« Dass ich ein anregender Gesprächspartner sein kann, wusste ich aber schon vorher. Für mich hatte sich in den Stunden nicht das Geringste verändert.

Als Harald dann auch noch den nächsten Termin vergessen hatte, reichte es mir. Er meinte lachend, er habe seinen Terminkalender neu organisiert und »dabei müsse immer einer dran glauben«. Ich hatte vergeblich vor seiner Praxis gestanden. Damals konnte ich mir noch nicht vorstellen, dass jemand so nachlässig mit seinen Klienten umgeht. Auf die Idee, sich zu entschuldigen, kam Harald überhaupt nicht. Er war mit sich im Reinen. Von da an musste er der »Musik« eines anderen lauschen.

Ein Einzelfall könnte man denken. Deshalb möchte ich Ihnen einen weiteren Einzelfall schildern. Bei meinem nächsten Therapeuten, Waldemar, stand ich eines Tages ebenfalls vor verschlossener Tür. Ich wartete 15 Minuten und klingelte ab und zu erneut. Keine Reaktion. Es war die Zeit, bevor es Handys gab. Ich suchte mir eine Telefonzelle in der Nähe und rief Waldemar an. Kein Anschluss unter dieser Nummer (keiner ging ran).

Ein letztes Mal – wir waren inzwischen 30 Minuten über

der verabredeten Zeit – klingelte ich bei Waldemar. Er öffnete, als sei nichts geschehen. Als ich ihn fragte, was los gewesen sei, meinte er, dass die Stunde mit dem Klienten vor mir länger gedauert habe. »Ach so, dann ist ja alles gut«, sagte ich schnippisch. Daraufhin rastete Waldemar aus. Wütend rief er, dass es doch völlig normal sei, sich mal zu verspäten, und wenn ich ein Problem damit habe, müssten wir das in der Stunde thematisieren.

Ich war derjenige gewesen, der eine halbe Stunde draußen im Regen gestanden hatte, ohne eine Erklärung, warum der Termin nicht zur vereinbarten Zeit stattfinden konnte. Aber auch Waldemar sah keinen Grund für eine Entschuldigung; denn das Problem lag ja bei mir.

Sonst war es bei ihm eigentlich ganz gemütlich. Ich konnte mich auf einer bequemen Liege ausstrecken und mein Innenleben ausbreiten. Diese Idylle wurde allerdings einmal gestört. Ich lag mit geschlossenen Augen da und roch plötzlich, dass es stank. Ich fragte, wo das herkäme. »Das war ich«, lachte Waldemar, »ich habe einen fahren lassen und dachte nicht, dass der bei dir ankommt.« Die Stunde kostete wie immer 100 DM, Furz inklusive.

Ich glaube nicht, dass ein Arzt, ein Architekt oder ein Rechtsanwalt in meiner Gegenwart sich das erlaubt hätte. Aber Waldemar hatte offenbar das Credo vieler Therapeuten verinnerlicht: Lass es raus.

Gegen diese Zwerge nahm sich Helmut wie ein Riese aus. Tatsächlich war er immer auf dem neuesten Stand, jedenfalls was die neueste Mode in der Psychotherapie betraf. Außerdem war er verlässlich und furzte nicht. Ich lernte bei ihm alles, was mir nicht half. Deshalb konnte ich gefühlt 83 Therapiemethoden als unwirksam ausschließen. Meine Suche wurde übersichtlicher.

Nach diesen vergeblichen Versuchen mit verschiedenen Therapeuten entschied ich mich dafür, mir selbst zu helfen. Helmut war immer sehr großzügig gewesen, sowohl mit seiner Zeit als auch mit Informationen. Er hatte uns eine umfangreiche Leseliste zum Selbststudium gegeben. Ich begann, diese Bücher zu lesen.

Auf der Liste standen die damals heißesten Therapieverfahren: Bioenergetik, Rebirthing, biodynamische Massage, Gesprächspsychotherapie, Focusing, Hakomi, holotropes Atmen, transpersonale Psychotherapie und viele andere. Das Geld, das ich vorher in Therapiestunden gesteckt hatte, gab ich nun für Bücher aus. Ich fühlte mich wie befreit. Was ich mir nun alles leisten konnte!

Auch wenn ich hier kräftig über meine Therapeuten spotte, so will ich damit nicht den Eindruck erwecken, Psychotherapie sei sinnlos. Ich habe insbesondere bei Helmut vieles gelernt, das ich später in der einen oder anderen Form nutzen konnte. Seine Literaturliste brachte mich zwar nicht direkt weiter. Aber die Idee des Selbststudiums und der Selbsthilfe erwies sich in der Folgezeit als die beste, die ich in den Therapiestunden bekommen habe.

Zufällig traf ich in der Hamburger Innenstadt eine Freundin meiner Partnerin. Sie erzählte mir, dass sie gerade eine Fortbildung gemacht habe, bei der sie die Rational-Emotive Verhaltenstherapie kennengelernt habe. Was sie davon berichtete, erinnerte mich an das, was mir Herr Müller in der psychologischen Studienberatung gesagt hatte. Ich hatte seine Strategien inzwischen längst vergessen. Sie hatten mir geholfen, die Uni zu überstehen. Aber danach glaubte ich, sie nicht mehr nötig zu haben.

Was einmal geholfen hat, kann vielleicht wieder helfen, dachte ich, und besorgte mir die Literatur dazu. Da vieles nur auf Englisch erhältlich war, bestellte ich mir die entsprechenden Bücher in einer Fremdsprachenbuchhandlung. Wie aufwändig das damals war! Es dauerte sechs bis acht Wochen, bis die Bücher, wenn überhaupt, ankamen. Sie kosteten zudem ein kleines Vermögen. Heute kann ich mit einem Klick im Internet für wenige Euro die meisten englischen Fachtitel binnen einer Minute bekommen. Das nenne ich Fortschritt.

Wenn Sie den vielleicht wichtigsten Tipp von mir hören möchten, um mit Ihren eigenen Ängsten fertig zu werden, so ist es dieser: Helfen Sie sich selbst. Lassen Sie sich von TherapeutInnen, ÄrztInnen, CoachInnen beraten, wenn Sie mögen. Lesen Sie Bücher. Recherchieren Sie im Internet. Erkundigen Sie sich, wie andere ihre Probleme gelöst haben. Das meiste davon werden Sie nicht gebrauchen können, aber nur so finden Sie am Ende heraus, was Ihnen persönlich hilft.

Leider sagen viele ExpertInnen: Versuchen Sie nicht, sich selbst zu helfen. Damit erweisen sie den Hilfesuchenden einen schlechten Dienst. Sie schwächen ihre angeborene Tendenz zur Selbstregulation und machen sie – honi soit qui mal y pense – von sich, den ExpertInnen, abhängig. Selbstregulation in Systemen bedeutet, dass diese in der Lage sind, durch Feedback von innen und außen Probleme (in der einfachsten Form durch Versuch und Irrtum) selbstständig zu lösen.

Der menschliche Organismus einschließlich seines Geistes ist ein solches System, das sich selbst helfen kann.

Rat und Tat eines Experten können als Anstoß und Anregung notwendig und nützlich sein. So wie man eine Schnecke, die sich nach dem Regen auf den nassen Asphalt verirrt hat, am besten wieder ins Grün zurücksetzt. Nach diesem kurzen Eingriff kommt die Schnecke ohne weitere Hilfe von außen wieder allein zurecht. Es wäre Irrsinn, sie Jahre oder gar ein Leben lang begleiten zu wollen.

Im Übrigen ist die Ansicht, Bücher könnten ihren LeserInnen nicht helfen, falsch. Das Gegenteil ist richtig. Es gibt sogar einen Namen dafür: Bibliotherapie. Deshalb finde ich es bedauerlich, dass die Selbsthilfeliteratur in Deutschland sogar von gebildeten Menschen nicht selten belächelt wird. Es sind oft dieselben, die die klassische Psychoanalyse immer noch für das Maß aller Dinge halten, als ob die Zeit vor hundert Jahren stehen geblieben wäre. Aber nicht die Zeit ist stehen geblieben, sondern das Wissen mancher Menschen.

David Burns, einer der hervorragendsten Vertreter der Kognitiven Therapie, berichtet von einer unabhängigen Studie, wonach allein die Lektüre seines Buches ›Feeling good: Depressionen überwinden, Selbstachtung gewinnen‹ über 70 Prozent der Betroffenen dauerhaft geholfen hat, ihre mäßigen bis schweren Probleme zu lösen. Ist es nicht erstaunlich, dass selbst schwere Depressionen heilbar sind, und das durch das einfache Lesen eines Ratgebers?

Ein Forscherteam hatte zwei Gruppen gebildet. Die erste bekam das Selbsthilfebuch sofort zu lesen. Die Teilnehmer der anderen Gruppe wurden zunächst vier Wochen auf eine

Warteliste gesetzt. Damit sollte ermittelt werden, ob vielleicht der Zeitablauf eine Besserung bewirkt habe. Nach Ablauf der Zeit zeigte sich, dass die erste Gruppe in Depressionstests normale Werte erreichte, während der Zustand der Teilnehmer der zweiten Gruppe unverändert war.

Um herauszufinden, ob die Wirkung der Lesetherapie vielleicht nur vorübergehend anhielt, wurden die Betroffenen nach drei Monaten abermals getestet. Die Patienten waren nicht etwa zurückgefallen, sondern hatten sich weiter verbessert. 75 Prozent der Teilnehmer aus der ersten Gruppe hatten sich dauerhaft von ihren Depressionen befreit. Die zweite Gruppe hatte nach der vierwöchigen Wartezeit fast aufgeholt: 73 Prozent waren beschwerdefrei.

Weitere Studien, die David Burns in seinen sehr lesenswerten Büchern detailliert nachweist, bestätigten diese Ergebnisse. Behandlungen mit Antidepressiva oder Psychotherapie erzielten in der Regel keine besseren Resultate.

Nun fragen Sie sich vielleicht, ob die Kognitive Therapie auch bei Ängsten und Panik helfen kann und ob das Lesen eines Buchs in diesen Fällen ebenfalls ausreicht, um mit diesen emotionalen Problemen fertig zu werden. In seinem neuen Buch ›When panic attacks‹ schreibt Burns, dass erste Studien dies zu bestätigen scheinen.

Ich denke, dass Kritiker es schwer haben werden, diese wissenschaftlichen Beweise zu widerlegen. David Burns ist nicht irgendwer. Er hat in Medizin promoviert und war zunächst in der Medikamentenforschung tätig. Dabei hat er festgestellt, dass die Kognitive Therapie in den meisten Fällen genauso wirksam oder sogar wirksamer ist als Psychopharmaka. Daraufhin hat er sich in dieser Methode ausbilden lassen. Burns hat in einer Klinik und in seiner Privatpraxis viele Patienten erfolgreich behandelt. Darüber hinaus hat er an amerikanischen Elite-Universitäten wie Stanford und Harvard unterrichtet. Sowohl Aaron Beck als auch Albert Ellis haben ihm hervorragende Referenzen ausgestellt.

Ellis hat die Rational-Emotive Verhaltenstherapie Mitte der 1950er-Jahre entwickelt. Beck hat auf dieser Basis eine ganz ähnliche Methode geschaffen. Beide Verfahren basieren auf der Erkenntnis, dass das Denken Depressionen, Ängste und andere emotionale Probleme sowohl hervorrufen als auch überwinden kann.

Ich persönlich brauche keine wissenschaftlichen Studien, um zu merken, ob mir etwas hilft oder nicht. Nicht alles, was die Aufschrift »Wissenschaft« trägt, erfüllt die entsprechenden Kriterien. Umgekehrt gilt manche Wahrheit heute als falsch, weil sie nicht in die Vorstellungswelt der meisten Wissenschaftler passt. Es würde mich jedenfalls nicht wundern, wenn das herrschende, einseitig materiell ausgerichtete Weltbild bald gründlich revidiert werden müsste.

Es wäre nicht das erste Mal. Lange Zeit galt die Erde als Scheibe. Erst als einige Menschen sich trauten, die Ränder zu erkunden, und dabei nicht herunterfielen, zerbrach das Modell, das man sich von der Erde gemacht hatte. Dass die Sonne sich um die Erde dreht, glaubten fast alle gebildeten Menschen in Europa. Was andere dachten, wusste man sowieso nicht so genau. Nur ein paar Außenseiter sammelten eifrig Daten über die Bewegung der Sterne. Diese passten nicht zu der einhelligen Meinung. Irgendwann konnte sich auch die große Mehrheit nicht mehr dem neuen Weltbild verschließen.

Ich glaube, dass zahlreiche Menschen in vielen Fragen irrationale Ansichten haben, also solche, die einer Überprüfung nicht standhalten. An vielen psychotherapeutischen Methoden stört mich nicht, dass sie unwissenschaftlich sind, sondern dass sie nicht helfen, obwohl sie genau das versprechen. Als ich den Schlüssel zur Überwindung meiner Ängste wiedergefunden hatte, konnte ich mich Schritt für Schritt von ihnen befreien. Ich kann nicht sagen, dass sie mit einem Mal verschwunden waren und nie wieder zurückkehrten. Es war vielmehr so, dass ich jede einzelne Situation, in der ich mich ängstigte, nutzen konnte, um mein Denken so zu verändern, dass die Angst verblasste.

Mit der Zeit geschah dies automatisch. Oft merkte ich erst anschließend, dass ich mich etwas getraut hatte, was mir sonst Probleme bereitet hatte. Angstfrei zu sein, war zunehmend selbstverständlich geworden.

Am meisten gefiel mir, dass ich nicht mehr von einem Therapeuten abhängig war. Ich musste nicht mehr bis zum nächsten Termin warten, um mir Hilfe zu holen. Ich konnte mir selbst helfen.

Im Dschungel der Therapien

Ich kenne viele, denen es ähnlich geht wie mir damals. Sie waren jahrelang bei einer oder mehreren TherapeutInnen, tragen aber weiter ihre Angst mit sich herum. Sie haben ihre

Kindheit erkundet und glauben, über Therapie recht gut Bescheid zu wissen. Wenn da nur nicht die Ängste wären, die sie weiter quälen.

Trotz bisher erfolgloser Therapien die Suche fortzusetzen, ist nicht immer einfach. Ungünstige Prognosen der TherapeutInnen erschweren in solchen Fällen die Lage zusätzlich. Wenn Helmut die Geduld mit einem Klienten verlor, konnte es vorkommen, dass er die Vermutung äußerte, dieser sei vielleicht therapieresistent, anstatt zu sagen: »Ich kann dir nicht helfen. Versuch's doch mal woanders«. Das hätte wohl zu sehr an seinem Ego gekratzt. Helmut wollte nicht scheitern. Lieber erklärte er seinen Klienten für gescheitert.

Aus meiner Sicht ist eine derartige Verurteilung das Schlimmste, was ein Therapeut machen kann. Es ist so, als ob ein Arzt seinem Patienten sagt, dass er unheilbar sei. Das geht zu weit. Der (Nicht)Heiler maßt sich damit an, hellsehen zu können.

Da ich grundsätzlich die Erfahrung gemacht hatte, dass ich erreichen kann, was ich mir vorgenommen habe, zweifelte ich nie daran, dass es mir eines Tages gelingen würde, meine Ängste zu überwinden. Außerdem hatte ich erlebt, dass mein Waschzwang, den ich als Kind entwickelt hatte, über Nacht verschwand. Ich wusste nicht wie, aber das Wunder war passiert.

Nie wäre ich auf die Idee gekommen, mich als »Angstpatienten« zu bezeichnen, wie einige dies tun. Ein solches Etikett hätte ich auch von keinem Arzt oder Therapeuten akzeptiert. Wieso sollte ich eine solche Identität aufbauen? Die Angst war ein Teil von mir, aber nicht alles. Von außen betrachtet, funktionierte mein Leben. Ich hatte allerdings den Anspruch, es ohne so viel Stress zu führen.

Auf dem Weg durch den Dschungel der Therapien braucht man viel Optimismus. Dabei ist es hilfreich, seine Ängste als vorübergehend und begrenzt anzusehen. Jeder Ängstliche kennt Zeiten sowie Situationen, in denen er oder sie entspannt ist. Es geht also darum, diese zu verlängern und zu vermehren, und auf diese Weise immer angstfreier zu werden.

Nachdem ich eine Reihe von Therapiebüchern gelesen hatte, fielen mir die Muster darin auf. Üblicherweise strotzten sie von Fallgeschichten. Diese sollten wohl »beweisen«, dass die geschilderten Methoden wirksam seien. Mit der Zeit überzeugten mich die Schilderungen immer weniger. Ich gehe davon aus, dass jeder Therapeut ein paar erfolgreiche Fälle vorzuweisen hat. Damit ein Therapieverfahren als wirksam gelten kann, muss es jedoch über zufällige Erfolge hinausgehen.

Um die Zufallskomponente auszuschließen, ist es erforderlich, eine Vergleichsgruppe zu bilden, die nicht nach der Methode behandelt wird, so wie ich es oben bei der Bibliotherapie geschildert habe. Die Erfolgsquote in der behandelten Gruppe muss über die in der Vergleichsgruppe hinausgehen. Es passiert bei emotionalen Problemen immer wieder, dass diese von allein verschwinden, in der Regel deshalb, weil die Betroffenen durch Zufall selbst auf eine Lösung gekommen sind, so wie es bei mir als Kind mit dem Waschzwang geschah.

Die Diven und Gottväter der Psychotherapie haben oft das Bedürfnis, als geniale Heiler in die Geschichte einzugehen. Von Freud ist bekannt, dass er berühmt werden wollte. Das ist ihm vor allem deshalb gelungen, weil es um 1900 skandalös war, die bürgerliche Scheinmoral infrage zu stellen. Er brachte den sexuellen Missbrauch in der Familie zur Sprache, was äußerst mutig war. Leider verwies er ihn schon bald in den Bereich der Fantasie und verriet damit seine vielleicht größte Tat. Ihm war später selbst klar, dass seine Methode nicht heilen kann. Sein Ziel, Therapiegeschichte zu schreiben, hatte er jedoch erreicht.

Lesetherapie funktioniert nur, wenn man eine brauchbare Anleitung findet. Jedem technischen Gerät liegt eine Gebrauchsanweisung bei. Diese sind berüchtigt dafür, unverständlich zu sein. Das kann durchaus lustig sein:»Nimmer diesen Monitor legen, wo der Schnur von Personen darauf spazieren gehen grausam behandelt wird.« Sie möchten eine Luftmatratze aufblasen? Kein Problem:

»Wenn das Wetter kalt ist, wird die Puff Unterlage sich langsam puffen. Entrollen die Puff Unterlage und liegen auf ihr, dann wird sie von der Wärme sich Inflationen bekommen.« Und so nehmen Sie Ihren Kopfhörer in Gebrauch:»Setzen Sie das Stereo in Kopfphon Wagenwinde ein, die Macht ist an, sonst ist die Macht ab.«

In Therapiebüchern ist die Macht in der Regel ab. Manchmal sind sie zum Lachen, besonders wenn sie von Komikern geschrieben werden, wie es in den letzten Jahren häufig der Fall war.

Aber sollte man deshalb auf Gebrauchsanleitungen verzichten? Die Idee, dem Käufer das Gerät zu erklären, ist gut. Die Firmen geben nur kein Geld aus, um brauchbare Anleitungen schreiben zu lassen und sie richtig zu übersetzen.

Es ist prinzipiell möglich, einem Menschen verständlich zu machen, wie er mit seinen Gefühlen umgehen kann, ohne Körper und Geist zu ruinieren. Leider geschieht dies zu selten. Gesagt werden muss aber auch, dass die beste Gebrauchsanleitung nichts nützt, wenn sie nicht gelesen wird. Tatsächlich landen die meisten Bücher ungelesen im Regal. Viele LeserInnen kommen über die ersten Seiten nie hinaus. Das liegt nicht immer an den Büchern …

Rückblickend betrachtet, finde ich, dass ich in fast jedem Buch etwas gelernt habe. Das klingt zunächst wie ein Widerspruch zu dem bisher Gesagten, lässt sich jedoch leicht auflösen. Bei Helmut hatte ich vieles kennengelernt, was mir nicht half, mich aber insofern weiterbrachte, als ich diese Verfahren danach ausschließen konnte. Genauso systematisch studierte ich die Therapiebücher. Jede Methode, die meine Ängste nicht linderte, strich ich von meiner Liste. So kam ich, wenn auch auf Umwegen, meinem Ziel immer näher.

Das Problem besteht heute nicht mehr darin, dass es so wenig Informationen gibt, sondern so viele. Wie soll man da das Richtige schnell finden?

Ich las mich also durch die entsprechende Literatur. Berührungsängste hatte ich dabei nicht. Es war mir egal, ob da eine Wissenschaftlerin oder ein Autodidakt schrieb. Berühmt oder unbekannt, heilig oder nicht: Das spielte für mich keine Rolle.

Jeder kleine Erfolg stärkte mein Selbstvertrauen und meine Überzeugung, in naher oder ferner Zukunft angstfrei leben zu können. Die Suche dauerte lange. Aber am Ende fand ich Gold.

Panische Therapeuten, überängstliche Ärzte

Da ich dort Stammkunde war, hatte ich mich in Hamburg mit Werner, dem Inhaber einer Buchhandlung befreundet. Er hatte sich auf Psychologie, Religion und Esoterik spezialisiert. Sein Laden war ausgezeichnet sortiert. Beim Bücherstudium hatte ich mich zunehmend für die Biografien der Starttherapeuten, Gurus und Heiligen interessiert, weil ich wissen wollte, wie glaubwürdig sie waren. Die Bilanz war sehr ernüchternd. Viele waren nicht einmal in der Lage, sich selbst zu helfen. Als ich mich mit Werner über das Thema unterhielt, steuerte er weitere Informationen dazu bei. Ich dachte nicht, dass die Liste so lang wäre. Hier die unvollständige Aufzählung einiger unrühmlicher Fakten aus dem Leben berühmter Heiler:

Anklage wegen Mordes

Sexueller Missbrauch von Kindern

Selbstmord

Starke Angst vor dem Tod

Konsum von Pornografie und Drogen

Schwerer Alkoholismus

Machtmissbrauch

Tod im Gefängnis

Ungesetzliche/unmoralische Geldgeschäfte

Depressionen

Betrug und Vortäuschung von Heilerfolgen

Die Namen der Personen müssen Sie schon selbst herausfinden. Diejenigen, die sich auskennen, werden spöttisch denken: »Da fallen mir zu jedem Punkt gleich mehrere ein.« Sie würden damit gar nicht so falsch liegen. Ich will nicht den Stab über diese Menschen brechen. Niemand ist vollkommen. Jeder macht Fehler. Allerdings geht es bei dieser Liste nicht um Kleinigkeiten. Besonders die Diskrepanz zwischen Anspruch und Wirklichkeit ist riesig; denn schließlich handelt es sich um Menschen, die andere darüber belehren, wie man leben sollte. Es gibt HelferInnen, die offen damit umgehen, dass sie unter Depressionen oder Schizophrenie leiden. Die meine ich nicht. Ich sehe es als Zeichen großer Stärke an, wenn jemand seine Schwächen nicht verheimlicht. Genau das Gegenteil tun aber viele HeilerInnen.

Am Anfang hat es mich stark verunsichert, wenn ich erfuhr, dass wieder einmal ein namhafter Therapeut vom Himmel gestürzt war. Flügel versengt, Heiligenschein zerbrochen. Wie konnte es sein, dass diese Leute, die doch alle Informationen hatten, um sich zu helfen, so grandios scheiterten? Warum wurde nur hinter vorgehaltener Hand darüber gesprochen?

Die Antworten auf diese Fragen sind nicht so schwierig, wie es im ersten Moment scheinen mag. Viele HelferInnen sind TheoretikerInnen. Sie wissen viel, wenden es aber nicht an. Gerade Wissenschaftler sind in dieser Hinsicht stark gefährdet. Bei dem Bestreben, die hohen Erwartungen zu erfüllen und dem Konkurrenzdruck standzuhalten, bleibt oft keine Zeit, die eigene Seele und den eigenen Körper zu heilen. Erst kürzlich ist ein amerikanischer Elitepsychologe plötzlich und unerwartet verstorben. In Videos zwei Jahre vor seinem

Tod hört man ihn bereits schwer atmen. Offenbar hat er die Notsignale seines Körpers ignoriert.

Viele TherapeutInnen haben gelernt, sich gegen Kritik abzuschirmen. Jeder mögliche Einwand wird als Problem der PatientIn begriffen. Wenn die Therapie erfolglos bleibt, liegt es angeblich am Widerstand der Betroffenen. Sie könnten ihre Schwierigkeiten überwinden, weigern sich aber trotz der vermeintlichen Genialität des Therapeuten und seiner Methode hartnäckig, dies zu tun.

Wenn die PatientIn von ihrer TherapeutIn enttäuscht ist, heißt es, sie habe sie zuvor idealisiert. Als ob die Hilfesuchenden davon ausgehen sollten, keine kompetenten, integren PsychologInnen zu finden, sondern realistischerweise unfähige und unehrliche. Natürlich wäre in diesem Fall eine Enttäuschung ausgeschlossen. Wie man es dreht und wendet: Die PatientIn ist immer selber schuld. Ich weiß nicht, ob es noch einen anderen Berufsstand gibt, der so frech argumentiert.

Wenn PsychotherapeutInnen nicht bereit sind, sich und anderen ihre eigenen, zum Teil gravierenden emotionalen und zwischenmenschlichen Probleme einzugestehen und sich mit ihren Misserfolgen und Fehlern in der Therapie offen auseinanderzusetzen, entsteht ein ungesundes Klima.

Warum lassen die KlientInnen das zu? Auch ich habe lange Zeit gute Miene zum bösen Spiel gemacht. Solange es mir schlecht ging, fühlte ich mich in einer unterlegenen, fast bittstellerischen Position. Bloß kein Streit mit meinen Therapeuten, dachte ich. Ich hoffte, dass sie mir vielleicht eines Tages doch noch helfen könnten. Daher wollte ich die Beziehung nicht gefährden. Die meisten TherapeutInnen wissen, dass ihre KlientInnen große Hoffnungen in sie setzen und sich abhängig fühlen. Viele nutzen dies schamlos aus.

Oft kommt man in der Psychotherapie vom Regen in die Traufe. Die Eltern haben einen schlecht behandelt, dann die Lehrer und Vorgesetzten. Warum nicht auch die Therapeuten? Die meisten haben nicht gelernt, sich selbstsicher gegenüber solchen Autoritäten zu verhalten. Eigentlich müsste in der Therapie das Versäumte nachgeholt werden. Aber weshalb sollten inkompetente TherapeutInnen die KlientInnen befähigen, ihr Unvermögen zu kritisieren?

Dass es auch anders geht, zeigt David Burns beispielhaft in seinen Büchern. Er offenbart eigene Schwächen. Freimütig gesteht er seine Höhenangst ein. Aber in den meisten Publikationen über Ängste erfahren die Leser mit keinem Wort, welche persönlichen Erfahrungen die AutorInnen mit diesem Thema haben.

Die Ausbildung zur PsychotherapeutIn schließt zwar häufig Selbsttherapie mit ein. Sie scheint aber wenig zu helfen. In den Therapie- und Ausbildungsgruppen traf ich viele Psychologie-StudentInnen und PsychotherapeutInnen, die selbst große emotionale Probleme hatten.

Das Studium der Psychologie ist wie die meisten Hochschulfächer fast ausschließlich theoretisch angelegt. Faktenwissen genügt. Um die praktischen Fragen kümmert sich ein Netz von privaten Ausbildungsinstituten, das sich um die ahnungslosen Adepten legt. Gegen gute Bezahlung führen die Alten die Jungen in die Geheimnisse der Seelenheilkunde ein – oder auch nicht.

Deshalb überraschte es mich nicht, als mir ein Freund

mitteilte, dass seine Therapeutin fest davon überzeugt sei, schwarzmagisch bestrahlt zu werden. Wer sich wegen seiner Panikattacken in Therapie begibt, hat durchaus Chancen, dass ihm jemand gegenübersitzt, der das gleiche Problem hat.

Im Werbematerial meines Therapeuten Waldemar stand, dass er glücklich verheiratet sei und seine Frau und er sich Kinder wünschten. Als mir Gegenteiliges zu Ohren kam, nämlich dass er getrennt lebe, und ich ihn darauf ansprach, lachte er und meinte, inzwischen habe er eine neue Freundin, mit der er Kinder plane. Er sah daher keinen Grund, seine Unterlagen zu aktualisieren.

Einer der wenigen, die sich trauen, auf die Schattenseiten der Psychotherapie hinzuweisen, ist der renommierte amerikanische Psychologe Arnold Lazarus. Er macht kein Hehl daraus, dass sich durch eine unsachgemäße Therapie die Probleme verschlimmern können.

Bei Ärzten wird dieses Phänomen unter dem verschleiernden Begriff iatrogene Erkrankungen abgehandelt. Darunter sind solche zu verstehen, die man erst aufgrund des Kontakts mit einem Arzt bekommt. Relativ häufig passiert dies in deutschen Krankenhäusern. Da aus Profitgründen heute am Reinigungspersonal gespart wird und Hygiene generell nicht mehr so groß geschrieben wird, erkranken dort PatientInnen zunehmend an eigentlich vermeidbaren Infektionen.

Überängstliche Therapeuten und Ärzte neigen zudem dazu, manche Symptome ihrer PatientInnen zu dramatisieren und unnötige Therapien durchzuführen. Anstatt sich auf die wesentlichen Probleme zu konzentrieren, schaffen sie Nebenkriegsschauplätze.

So wurde Waldemar ganz aufgeregt, als ich ihm erzählte, dass ich dazu übergegangen sei, Anrufe meiner Mutter nicht mehr direkt entgegenzunehmen, sondern mich mit meinem Anrufbeantworter abschirme. Er meinte, das sei ja noch »ein ganz dickes Problem«. (Therapeuten fliegen auf Eltern-Kind-Konflikte.) Ich dagegen war mit dieser Lösung sehr zufrieden und wollte mich lieber um die Überwindung meiner Ängste kümmern.

Das ging aber nur ohne Waldemar.

Das Geschäft mit der Angst

Wolf Biermann hat in seinen besten Jahren in einem seiner besten Lieder auf einem seiner besten Alben gesungen: »Was haben wir denn an denen verlorn: an diesen deutschen Professorn, die wirklich manches besser wüssten, wenn sie nicht täglich fressen müssten.

Beamte! Feige! Fett und platt! – die hab ich satt!«

Unsere Ärzte und Psychotherapeuten wüssten wohl auch manches besser, wenn Krankheit nicht ein so einträgliches Geschäft wäre. Inkompetenz wird belohnt. 300 Stunden Psychotherapie ohne Ergebnis sind natürlich lukrativer als 10 Stunden erfolgreiche Kurztherapie. Dem Kunden wird die Behandlung als besonders gründliche »Tiefenpsychologie« verkauft.

Seit Krankheit in unserer Gesellschaft zum profitablen Geschäft geworden ist, machen sich viele in dieser Branche insgeheim Sorgen, dass sich daran etwas ändern könnte.

»Was wären wir ohne die Kranken?«, lautet die bange Frage. »Kann ich es mir überhaupt leisten, dass dieser Patient schnell gesund wird?« Die Verquickung von Heilkunst und Gewinnmaximierung führt zu ungesunden Konsequenzen. Kein Wunder, dass immer neue Ängste entdeckt werden. Zu den neueren gehört die Phobie, öffentliche Toiletten zu benutzen. Ich will dieses »Problem« nicht verharmlosen, aber vielleicht sollte die Angst der Heiler, ihnen könnten die Kunden ausgehen, ebenfalls auf die Liste behandlungsbedürftiger Ängste gesetzt werden.

Wissen Sie, wie es den amerikanischen PsychologInnen einmal gelungen ist, auf einen Schlag Millionen ihrer Landsleute zu heilen? Indem sie Homosexualität aus dem Katalog psychischer Erkrankungen gestrichen haben. Umgekehrt werden ständig neue Krankheiten definiert.

Deshalb ist es nicht erstaunlich, dass das Vertrauen in die ÄrztInnen gesunken ist. Das Ansehen der TherapeutInnen war offensichtlich nie besonders hoch, wie der abschätzige Ausdruck »Seelenklempner« verrät.

Jedenfalls erwies sich meine Suche nicht nur als langwierig, sondern auch als kostspielig.

LÖSUNGEN

Schließlich besinne ich mich auf das, was mir schon einmal geholfen hat, lerne es gründlicher und wende es konsequent an.

Im Kern geht es in diesem Kapitel um die Rational-Emotive Verhaltenstherapie (REVT) nach Albert Ellis und die Kognitive (Verhaltens-)Therapie (KVT) nach Aaron T. Beck.

REVT und KVT gehören zu den wenigen Therapieverfahren, deren Wirksamkeit empirisch belegt ist, von denen aber keiner meiner Therapeuten und Ärzte eine Ahnung hatte.

Beide Methoden besagen im Kern, dass man sich so fühlt und so handelt, wie man denkt. Diese Erkenntnis allein reicht jedoch nicht, um sich von seinen Ängsten zu befreien.

Der Teufel steckt im Detail. Mit rund einem Dutzend Gedankenfehlern kann man sich das Leben äußerst schwer machen. Zum Glück helfen einem ungefähr genauso viele Korrekturmöglichkeiten aus den Ängsten heraus.

Mit der Mentalität eines Langstreckenläufers

Am Ende fand ich heraus, wie ich meine Ängste überwinden konnte. Bis es so weit war, vergingen viele Jahre. Ich kann nicht sagen: Als dies oder jenes passierte, war die Angst vorbei. Selten Angst zu haben, ist normal. Deshalb fiel es mir zunächst oft gar nicht auf, dass sich etwas geändert hatte. Erst im Nachhinein dachte ich: Mensch, dabei hättest du früher Angst gehabt.

Meine Ängste verschwanden nicht schlagartig, sondern eine nach der anderen, Situation für Situation. Als ich versäumte, die in der psychologischen Beratungsstelle gelernten Strategien weiter anzuwenden, kehrten die Probleme jedoch gleich wieder zurück.

Ich weiß nicht, ob es eine plötzliche Befreiung von sämtlichen Ängsten gibt. Ich halte dies eher für einen Mythos. Natürlich hofft man auf ein solches Wunder. Die Wirklichkeit sieht aber offenbar anders aus. Ich musste erst erkennen, was ich mit meinem Körper und meinem Geist anstellte, um Angst zu bekommen. Vielleicht wundert Sie diese Feststellung. Mich würde es nicht überraschen; denn die meisten Menschen glauben, dass die Emotionen ohne ihr Zutun über sie hereinbrechen.

Ich war zwar nicht schuld an meiner Befindlichkeit, weil ich sie weder vorsätzlich noch fahrlässig provozierte, aber ich verursachte sie gleichwohl. Die Einsicht, dass ich für meine

Gefühle verantwortlich war, stimmte mich froh; denn sie bedeutete, dass ich es selbst in der Hand hatte, wie ich mich fühlte. Ich war meinen Gefühlen nicht mehr ausgeliefert.

Da viele Schuld und Verantwortung verwechseln, möchte ich den Unterschied so klar wie möglich machen. Niemand hätte mir wegen meiner Ängste einen Vorwurf machen können. Schuld setzt Wissen und Wollen voraus. Wie fast alle anderen wusste ich nicht, dass ich meine Gefühle selbst auslöste. Es ist zwar richtig, dass ich unter günstigen Umständen keine oder weniger Angst entwickelt hätte. Aber dennoch konnten die äußeren Verhältnisse allein meine Emotionen nicht bestimmen. Noch weniger wollte ich mich ängstigen. Im Gegenteil: Ich hätte liebend gern darauf verzichtet.

Ver-antwort-ung bezeichnet die Art und Weise, wie man auf eine Situation antwortet, das heißt reagiert. Die Tatsachen sind für alle gleich. Wie man mit ihnen umgeht, hängt vom Wissen, Können und Wollen ab. Beispielsweise weiß ein Erwachsener mehr als ein Kind. Er hat mehr Erfahrungen und ist grundsätzlich besser in der Lage, seinen Willen zu lenken. Je mehr man weiß, desto mehr Wahlmöglichkeiten hat man. Oft reicht Wissen allein nicht. So nützt es mir wenig, wenn ich verstehe, wie man mit drei Bällen jongliert. Ich muss trainieren, bevor ich es kann. Der Wille ist wiederum von der Motivation abhängig. Solange ich nicht in der Lage bin, mich zu motivieren, ist mein Wille schwach.

Um diese knappen Sätze in ihrer vollen Tragweite zu verstehen, brauchte ich mehrere Jahre, wenn nicht Jahrzehnte. Um so lange durchzuhalten, brauchte ich die Mentalität eines Langstreckenläufers. Leider sind viele Menschen so entmutigt, was ihre persönliche Entwicklung angeht, dass sie allenfalls die Motivation zu einem kurzen Sprint aufbringen. Sie wollen sofort die Lösung finden. Wenn diese nicht in Sicht ist, geben sie auf.

Von Anfang an hatte ich mich zu »unbegrenzter Ausdauer« entschlossen. Diesen Begriff fand ich in dem Buch ›Hilf dir selbst, sonst hilft dir keiner‹ von Josef Kirschner. Es war eines der ersten Bücher, das mir bei meiner Suche in die Hände fiel. Ich entdeckte darin einige Tipps, die mir auf meinem Weg halfen. Zum Glück hatte ich nie Berührungsängste, was die Herkunft von Ratschlägen betraf. Mir war es gleichgültig, wer der Autor war. Für mich zählte nur der Nutzen des Buchs. Manche belächeln Bücher wie die von Kirschner. Sie kritisieren sie. Ich würde es schätzen, wenn diejenigen den Beweis antreten würden, dass sie es besser können und zu mehr fähig sind als zu Kritik.

Das Konzept der Selbsthilfe hat mir immer gefallen. Den Zusatz, dass einem sonst keiner hilft, halte ich für eine provokative Zuspitzung. Kirschner widerlegt sich selbst, indem er mit seinem Buch genau die Hilfe anbietet, die er im Titel leugnet. Ohne Selbsthilfe bleibt jedoch jede Unterstützung fruchtlos. Deshalb hat die Provokation ihre Berechtigung.

Wie hilft man sich selbst? Wie schafft man es, nie aufzugeben? Indem man immer weitermacht. Wenn die eine Lösung nichts bringt, probiert man die nächste aus. Stellen Sie sich vor, vor Ihnen stünden 100 Hütchen. Unter einem liegt ein Goldstück. Wie finden Sie es? Vermutlich führt kein Weg daran vorbei, ein Hütchen nach dem anderen zu lüften. Wenn Sie Glück haben, haben Sie mit dem ersten Versuch

Erfolg. Sie kommen aber in jedem Fall zum Ziel, wenn Sie sich entschließen, so viele Hütchen aufzudecken, bis Sie das Gold gefunden haben, und wenn es 100 Mal sein muss.

In diesem Buch schildere ich meinen Weg. Ihrer kann und wird anders aussehen. Angst hat viele Gründe. Deshalb existieren ebenso viele Lösungen. Ich bin überzeugt davon, dass mein Buch Ihnen sehr nützen kann, Ihre Ängste zu verlieren. Sollte dies jedoch nicht der Fall sein, ziehen Sie daraus bitte nicht den Schluss, dass Ihnen nicht zu helfen ist. Suchen Sie weiter. Irgendwo da draußen ist für jeden eine passende Lösung.

Entscheidend ist die Einstellung bei der Suche. Unbegrenzte Ausdauer führt zum Ziel. Nur der Erfolg zählt. Wenn Sie sagen, Sie hätten es mal versucht, sind Sie nicht besser dran als derjenige, der überhaupt nichts unternommen hat.

Die Mentalität einer LangstreckenläuferIn brauchen Sie in jedem Fall. Die Strategien, die ich Ihnen mit diesem Buch ans Herz lege, werden Sie täglich ein Leben lang üben müssen. Sonst verlieren Sie – wie ich bei meinem ersten Versuch – das Gewonnene wieder.

Ausatmen ist der erste Schritt

Nachdem ich mich lange erfolglos mit Psychotherapie beschäftigt hatte, kam die erste von mehreren Lösungen für meine Probleme überraschend. In einem Buch fand ich eine Anleitung zum Atmen in Angstsituationen. Dort stand, dass es darauf ankäme, länger aus- als einzuatmen.

Ich wusste, dass man während einer Panikattacke hyperventiliert, das heißt zu schnell und zu heftig atmet, und hatte das selbst bereits erfahren. Normalerweise atmete ich jedoch nicht hektisch. Trotzdem waren mir bis zu diesem Zeitpunkt zwei Dinge unbekannt.

Mir war nicht klar, dass ich generell zu kurz ausatmete. Ich atmete ungefähr zehn Mal pro Minute. Dabei waren der Ein- und Ausatem in etwa gleich. Wenn man entspannt ist, atmet man allerdings länger aus als ein. Bevor man erneut einatmet, kann sogar eine kleine, natürliche Atempause entstehen. Deswegen braucht man sich keine Sorgen zu machen. Der Atemimpuls setzt vollkommen verlässlich wieder ein. Atemnot entsteht dabei in keiner Weise.

Außerdem war mir neu, dass man die Entstehung oder Zunahme der Angst verhindern kann, indem man bewusst langsam ausatmet. Ich bekam schon bald die erste Gelegenheit, diese Technik auszuprobieren.

Der Schriftsteller Amos Oz war zu einer Lesung in Hamburg und ich hatte bei der Veranstaltung, die in einem großen Saal stattfand, einen Platz mitten im Raum gefunden. Der Abstand zum linken wie zum rechten Rand der Sitzreihe war gleich, ebenso wie der zur ersten und zur letzten Reihe. Die Lesung war ausverkauft. Sogar die oberen Logen waren voll besetzt.

Als Oz zu lesen begann, merkte ich, dass ich einen Fehler gemacht hatte. Ich bekam Platzangst. Psychologen nennen sie Agoraphobie, aber das half mir in dieser Situation auch nicht weiter. Platzangst wird oft mit Klaustrophobie (Raumangst) verwechselt. In meinem Fall hatte ich keine Angst in einem engen Raum zu ersticken – der Saal bot allen genug Sauerstoff für die nächsten drei Jahre –, sondern ich befürchtete, nicht schnell genug wegzukommen bzw. aufzufallen, wenn ich meinen Platz, warum auch immer, verlassen wollte.

Apropos Agoraphobie beziehungsweise Klaustrophobie: Wer sich für die Grundformen der Angst interessiert oder alle derzeit verfügbaren Phobien einzeln aufzählen möchte, findet dazu übrigens spezielle Literatur. Mir hat keines dieser Bücher weitergeholfen. Sie sind wohl mehr für diejenigen geschrieben, die glauben, das Problem sei gelöst, wenn es benannt (diagnostiziert) werden kann. Im Prinzip kann man vor allem Angst haben, vor Spinnen, Fahrstühlen und Glühbirnen ebenso wie vor einer Sonnenfinsternis. Jeder dieser Ängste einen Namen zu geben, könnte zu einer lebenslangen, wenn auch nicht erfüllenden Beschäftigung werden. Einige Psychologen arbeiten jedoch daran. Mögen sie glücklich dabei werden!

Platzangst kann sich leicht zur Panik steigern, was ich an dieser Stelle ausdrücklich bestätigen kann. Während ich nämlich meine ungünstige Lage bemerkte, registrierte ich gleichzeitig meine zunehmende Anspannung und damit einhergehend die ersten Anzeichen einer Panikattacke. Was tun?

Vorübergehende Ablenkung verschaffte mir Wolf Biermann. (Ich dachte nicht, dass ich ihn überhaupt jemals in einem meiner Bücher erwähnen würde, und nun bereits zum zweiten Mal. Mal sehen, wie das weitergeht!) Also Biermann beschwerte sich lautstark und drastisch, dass die Zuhörer im hinteren Bereich des Raums Amos Oz nicht verstehen könnten. Nachdem der Veranstaltungsleiter etwas über die Gesprächskultur in der Katholischen Akademie philosophiert hatte, jedoch nicht bereit war, das Mikrofon lauter zu drehen, verließ Biermann schimpfend den Saal.

Die Lesung ging weiter, genau wie meine Angstattacke. Dann fiel mir der Ratschlag ein, langsam auszuatmen. Ich ergriff den Strohhalm. Er erwies sich als formidable Hilfe. Da ich relativ spät auf meine Angstsymptome reagiert hatte und schon ziemlich verspannt war, war es mir zunächst nicht möglich, lang auszuatmen oder gar eine kleine Atempause zu machen. Der Drang, sofort wieder kräftig einzuatmen, hinderte mich daran. Ich musste mich schon zwingen, diesem Impuls für einen Moment zu widerstehen. Auf diese Weise gelang es immer besser, Ein- und Ausatem einander anzugleichen und schließlich langsam und entspannt auszuatmen.

Die Wirkung war phänomenal. Meine Angst und beginnende Panikattacke waren im wahrsten Sinne des Wortes wie weggeblasen.

Meine andere Wunderwaffe war in dieser Situation leider stumpf geblieben. Bei Herrn Müller hatte ich gelernt, welchen Einfluss die Gedanken auf die Gefühle haben. Diese Theorie hatte sich auch in diesem Fall als richtig erwiesen. Indem ich mir ausgemalt hatte, wie peinlich es sein könnte, mitten im Raum in einer großen Menschenmenge für alle sichtbar Angst zu bekommen, hatte ich diese erst heraufbeschworen. Mit weiteren irrationalen Überlegungen hatte ich meine aufkommenden Ängste immer weiter gesteigert.

Insoweit stimmte die Theorie mit der Praxis überein. Das Problem war nur, dass mir in dieser Situation die Zeit und die

Ruhe fehlten, meinen unsinnigen Gedanken Einhalt zu gebieten. Leider macht Angst ausgerechnet dann das vernünftige Denken schwer, wenn man es am nötigsten hätte. In solchen Momenten ist es am besten, auf den Atem zu achten und sich zu entspannen. Sobald man sich wieder beruhigt hat, kann man seine Aufmerksamkeit neu ausrichten und seine Angst machenden Fantasien neutralisieren. Ich ließ mir Zeit beim Ausatmen und lauschte Amos Oz' schöner Stimme.

Entspannung, das unbekannte Gefühl

Warum sind Atem und Entspannung so wichtig, um Ängste dauerhaft abzubauen? Bei mir hatte sich von Kindheit an eine angstbedingte Spannung aufgebaut, die mir mit der Zeit selbstverständlich schien. Wenn die Muskeln eine erhöhte Grundspannung annehmen und der Ausatem flach wird, entsteht leider eine körperliche Bereitschaft, schon aus geringem Anlass Angst zu empfinden.

Angst ist ein psychologisches *und* körperliches Geschehen. Ist der Körper angespannt und der Einatem schnell oder länger als der Ausatem, interpretiert das Gehirn dies als Alarmsignal, egal ob eine reale Gefahr vorliegt oder nicht. Der Körper ist mit seinen angezogenen Muskeln und der überaktiven Atmung ständig in Alarmbereitschaft. Nur noch wenig muss hinzukommen, um dem Gehirn einen Hilferuf zu senden.

Angst auslösende Denkgewohnheiten sind in unserer Gesellschaft weit verbreitet. Gefahren werden generell übertrieben. Ich gehe darauf in den kommenden Abschnitten noch näher ein. Kommen nun ein überdrehtes körperliches Alarm-system und ein chronisch irrationales Denken zusammen, treten sehr leicht die verschiedensten Angstzustände auf. Ob sich diese als Phobien, obsessives Denken, Zwangsverhalten oder somatische Beschwerden äußern, ist dann mehr oder weniger beliebig. Depressionen und Aggressionen haben in dieser unseligen Verkettung von mangelnder Entspannung und irrationalen Gedanken ebenfalls häufig ihre Ursache. Psychotherapie und Medizin ignorieren diesen Sachver-halt weitgehend. Wenn Sie sich spaßeshalber mal die auf dem Markt befindlichen Bücher über Angstbewältigung anschauen, werden Sie nur wenige finden, die den Atem überhaupt erwähnen. Das ist umso absurder, als einige Ex-pertInnen meinen, dass allein mit einem entsprechenden Atemtraining Ängste verringert oder völlig beseitigt werden können.

Der Atem nimmt eine Schlüsselstellung im menschlichen Organismus ein. Langsames Ausatmen aktiviert automatisch eine Entspannungsreaktion. Es ist unmöglich, Angst zu emp-finden, wenn man entspannt ist.

Deshalb ist es sehr bedauerlich, dass in der einschlägi-gen Fachliteratur, aber auch in populären Selbsthilfebüchern fast nur die Stressreaktion in allen physiologischen und psy-chologischen Einzelheiten beschrieben wird. Die entgegen-gesetzte Entspannungsreaktion wird meist überhaupt nicht oder nur in einer Randnotiz erwähnt.

Etwas besser beschrieben wird die Muskelentspannung. Viele Bücher über den Abbau von Stress und Angst enthal-ten Anleitungen zum Autogenen Training oder zur Progressiven Muskelrelaxation. Diese beiden Verfahren haben sich als wirksam erwiesen. Allerdings konnte ich persönlich mit ihnen nicht so viel anfangen. Die seriöseren Bücher zu den genannten Methoden gestehen freimütig ein, dass es zahlreiche Menschen gibt, bei denen sie nicht funktionieren.

Bei mir lag es wohl daran, dass nicht nur einige Muskeln überspannt waren, sondern andere unterspannt. Die Schwereübung beim Autogenen Training führte bei mir daher dazu, dass sich mein Körper teilweise bleischwer, also sehr unangenehm, anfühlte. Um auf diese Methode positiv zu reagieren, müsste ich eher eine »Leichtigkeitsübung« machen.

Bei der Progressiven Muskelentspannung bewirkte die volle Anspannung der Muskeln, dass ich anschließend keine Entspannung mehr spüren konnte. Die Empfindungsnerven schienen kurze Zeit betäubt zu sein. Jedenfalls übermittelten sie nicht den allseits beschriebenen angenehmen Entspannungszustand. Mir hilft es besser, mich ohne vorherige Anspannung zu entspannen. So sagt es übrigens auch der Begründer dieser Methode, Edmund Jacobson: Ziel sei die Entspannung ohne vorangehende Anspannung der Muskeln.

Der Teufel steckt also immer im Detail. Manchmal taugen die Anleitungen nichts, weil auf Probleme bei der Umsetzung nicht eingegangen wird. Ich gebe aber gerne zu, dass ich froh bin, hier meine Angstbewältigung aus vollkommen subjektiver Sicht beschreiben zu können. Die Enzyklopädien zum Thema überlasse ich gerne anderen.

Das ändert nichts daran, dass viele Anleitungen mehr Lücken aufweisen als nötig. Jeder Therapeut und jede Ärztin mögen sich einmal fragen, ob ihm/ihr der Zusammenhang von Angst und Atem bewusst ist. Ich hätte mich jedenfalls gefreut, wenn mir jemand die entsprechenden Informationen gegeben hätte.

Wahrscheinlich habe ich am meisten durch die Feldenkrais-Methode gelernt, mich zu entspannen. 1980 entdeckte ich das Buch von Thomas Hanna ›Beweglich sein – ein Leben lang‹. Es ist ein Programm, um die wichtigsten Dreh-, Streck- und Beugebewegungen des Körpers so angenehm und ökonomisch wie möglich zu machen. Im Grunde genommen handelt es sich um eine Meditation in Bewegung, weil man jede Übung nur dann optimal ausführen kann, wenn man dabei sehr achtsam ist und den Spannungszustand der Muskeln den jeweiligen Erfordernissen anpasst.

Ich will auch nicht versäumen, das Buch zu nennen, in dem ich die Technik des langen Ausatmens fand. Es ist von Doris Wolff und Rolf Merkle und heißt ›Gefühle verstehen, Probleme bewältigen‹.

Wenn Sie sich nur eine Sache aus diesem Buch merken wollen, dann wären die folgenden Sätze eine gute Wahl: Körperliche Anspannung und ängstliche Gedanken verstärken sich gegenseitig. Da es schwierig ist, vernünftig zu denken, wenn man Angst hat, ist das entspannte Atmen der Königsweg aus der Angstspirale.

Eigentlich könnten Sie das Buch damit an dieser Stelle zuklappen. Aber das wäre schade; denn auf den folgenden Seiten erfahren Sie, wie Sie Ihr Denken entspannen können. Versäumt man es, die beängstigenden Fantasien und Selbstgespräche zu stoppen, besteht die Gefahr, dass sich das Angstkarussel immer weiter dreht.

Die Macht der Fantasie

An Ideen hat es mir noch nie gemangelt. Es macht mir Spaß, täglich neue Projekte auszutüfteln. Kreativität hat allerdings einen gravierenden Nachteil: Wenn man seine Fantasie nicht zügelt, sieht man vor seinem inneren Auge zu viele Schreckensvisionen. Ich stellte mir als Kind häufig vor, was in naher und ferner Zukunft in meinem Leben schiefgehen könnte. Manche Menschen kommen überhaupt nicht auf solche Ideen, weil es ihnen an Vorstellungskraft mangelt.

Ich hatte nicht die Absicht, mich mit meinen Sorgen zu quälen. Es schien einfach zu passieren. Mir war nicht bewusst, dass meine Umgebung mich entsprechend »trainierte«. Überall schnappte ich die Gedanken der anderen auf, die sich Angst um mich, um sich oder um sonst wen machten. Mit meiner Fantasie steigerte ich solche negativen Erwartungen noch. Ich tat dies nicht bewusst. Mein kreativer Geist griff die Anregungen der überbesorgten Erwachsenen einfach auf. Ohne es zu wissen, verlor ich mit der Zeit meine Unbekümmertheit.

Manche glauben, das sei normal, wenn man erwachsen wird. Aber ich bin da anderer Meinung. Unsere Gesellschaft hat Denk- und Lebensgewohnheiten entwickelt, die vielen nicht guttun. Dabei spielt es keine Rolle, zu welcher Schicht man gehört. Das körperliche und psychische Elend trifft sowohl Arme als auch Reiche. Es stellt sich nur anders dar.

Was ein glückliches Leben ausmacht, wissen leider nur wenige. Zahllose Sorgen und Ängste hindern die meisten daran, sich an ihrem Dasein zu erfreuen. Wenn man die Zeichen zu lesen versteht, bemerkt man schnell, wer unter Stress steht, egal wie sehr sich die Menschen bemühen, es zu verbergen. Mit seinen Ängsten befindet man sich in allerbester Gesellschaft, obwohl fast jeder glaubt, nur er/sie würde darunter leiden.

Als ich anfing, auf meine inneren Bilder und Gedanken zu achten, ging mir ein ganzer Kronleuchter auf. Wenn man einen solchen Unsinn glaubt, muss man Angst bekommen, dachte ich. Selbsterkenntnis ist der erste Schritt zur Besserung, wie man so schön sagt. Aber was ist der zweite Schritt?

Leider hatte mir niemand gesagt, wie ich meine Fantasie zügeln konnte. Im Grunde genommen ist es nicht einmal besonders schwer. Ich fand heraus, dass ich die Katastrophenfilme, die vor meinem inneren Auge abliefen, jederzeit abschalten konnte, indem ich mich auf die Gegenwart konzentrierte. Angsterfüllte Tagträume enden, wenn man aufwacht. Man nimmt einfach wahr, was man sieht, hört und fühlt. Das Bewusstsein kann immer nur auf einen Punkt ausgerichtet sein. Ist man geistesgegenwärtig, verschwinden die Horrorvorstellungen.

Als Kind las ich viele Kriminalromane. Hauptsächlich waren dies Romanhefte oder – weniger verhüllend ausgedrückt – Groschenromane. Die gab es damals in großer Zahl an den Zeitungskiosken. Ich durfte lesen, was ich wollte. Meine Mutter machte mir da keine Vorschriften. Ich genoss diese Freiheit. Von anderen Kindern bekam ich mit, dass sie überhaupt keine Comics und schon gar keine Groschenromane lesen durften. Brause durften sie auch nicht trinken. Die Armen!

Bevor Sie anfangen, sich Sorgen um meine Erziehung zu machen, will ich hinzufügen, dass ich ebenso Stammgast in der Kinderbücherei war. Leseausweis Nr. 364, also Leser der ersten Stunde! Ich las alles, was ich in die Finger bekam, und war wählerisch. Die »wertvollen« Kinderbücher fand ich oft langweilig: schlecht erzählt und stilistisch miserabel. Die »billigen« Comics und Groschenhefte waren dagegen teilweise sehr aufregend und ganz passabel geschrieben. Sie erfüllten den Zweck, nämlich gut zu unterhalten.

Worauf ich hinauswill, ist jedoch etwas anderes: Krimis interessierten mich nur, solange ich Angst hatte. Einige denken, dass Kriminalromane Ängste schüren oder erst entstehen lassen. Ich glaube, dass es genau andersherum ist. Menschen suchen sich den Lesestoff, zu dem sie gefühlsmäßig in Resonanz stehen. Ängstliche zieht es zu Krimis und Thrillern. Depressive bevorzugen melancholische, traurige Geschichten und hören Blues. Aggressive lieben Actionfilme und Gewaltstreifen.

Wenn man sich durchs Fernsehprogramm zappt, sieht man fast nur Stress. Menschen bluten, schreien, rennen weg. Die Geschichten dramatisieren das, was die meisten in anderer Form im Alltag erleben. Sie drücken die Gefühle der ZuschauerInnen aus und steigern die Anspannung kurzzeitig noch. Das sagt eine Menge über die innere Verfassung unserer Gesellschaft!

Nachdem ich meine Ängste überwunden hatte, habe ich höchstens noch Maigrets gelesen. Diese sind ganz überwiegend in einem ruhigen Erzählton geschrieben. Irgendwann war ich auch damit durch. Die Atmosphäre dieser Romane ist weniger beängstigend als bedrückend. Es sind traurige, deprimierende Geschichten mit Kommissar Maigret als dem Ruhepol.

Die Erzählungen, die mich in meiner Kindheit am meisten erschreckt und erschüttert haben, waren die Horrormärchen der Gebrüder Grimm. Danach hatte ich oft Albträume. Folter und Mord sind keine Gute-Nacht-Geschichten. Informationen der unangenehmen Art enthielt auch der inzwischen zu Recht berüchtigte Struwwelpeter. Einige Geschichten machten mir so zu schaffen, dass ich verlangte, sie zu überkleben. Ich wusste nicht, wie ich sonst damit fertig werden sollte.

Das innere Selbstgespräch

Während des Studiums hatte ich gelernt, mein inneres Selbstgespräch so zu verändern, dass ich meine Ausbildung erfolgreich fortsetzen und mit einem guten Examen abschließen konnte. Das Leben machte mir wieder Spaß. Ich war einigermaßen angstfrei. Einigermaßen; denn ich lebte weiterhin mit vielen irrationalen Denkgewohnheiten und atmete immer noch viel zu angespannt.

Trotzdem war es ein Riesenfortschritt, darauf zu achten, welche Bilder und Geschichten mir durch den Kopf gingen. Mir war inzwischen klar, wie ich mich oft unbewusst negativ beeinflusste. Diese Einsicht allein brachte mich aber noch nicht weiter. Ich musste lernen, meine alten Denkmuster zu verändern. Das braucht Zeit und ist anstrengend.

Ich würde Ihnen gerne sagen, dass Veränderung ganz einfach ist und schnell geht, so wie viele Ratgeber dies tun: in 21 Tagen ein neuer Mensch, leicht und locker zum Ziel. Wer hört so etwas nicht gern? Ich habe selbst jahrelang nach der Wundermethode gesucht, nach der Superformel, mit der ich auf einen Schlag alle meine Probleme für alle Zeit lösen kann. Um es kurz zu machen: Ich habe sie nicht gefunden und glaube nicht mehr, dass es sie gibt.

Leider ist bisher nur eine Minderheit bereit, die Wahrheit zu hören. Ein Ratgeberautor hat die gängige Verkaufsmasche auf den Punkt gebracht:»Bestätige die Vorurteile der Leute. Sag Ihnen nicht, wie es geht, sondern sag das, was sie hören wollen. Die Masse möchte lieber glauben, dass Veränderung nicht möglich ist, als dass sie es schaffen können, wenn sie sich anstrengen. Sie wollen keine Verantwortung für ihr Leben übernehmen und sind nicht wirklich bereit, etwas für sich zu tun. Deshalb bevorzugen sie Pillen statt Meditation, Massage statt Bewegung und Operationen statt gesunder Ernährung.«

Wenn ich sage, dass es Zeit braucht und anstrengend ist, seine Denk- und Verhaltensmuster zu ändern, dann beziehe ich mich auf meine eigene Erfahrung. Die Einsicht, wie Veränderung möglich wird, ist in wenigen Minuten, Stunden oder Tagen erreichbar. Die Umsetzung dauert länger. Genau genommen handelt es sich um einen Prozess, der nie endet. So wie es ausgeschlossen ist, für immer satt oder fit zu sein, ist Angstfreiheit eine tägliche Aufgabe. Wer nicht mehr trainiert, verliert seine Beweglichkeit und seine Kraft. Hört man auf, auf seine Gedanken zu achten und sie gegebenenfalls zu korrigieren, können die alten Muster zurückkehren. Diese lassen sich nicht ausradieren. Anstrengung ist ein relativer Begriff. Ich fand meine Panikattacken und chronischen Angstzustände anstrengender als das Lernen neuer Denkgewohnheiten. Ich bin niemand, der gerne trainiert, weder physisch noch psychisch, aber die kleine tägliche Mühe lohnt sich. Warum ist es überhaupt so anstrengend, das Denken und Verhalten zu ändern? Es liegt daran, dass man eine Zeit lang ohne Autopilot auskommen muss. Grundsätzlich erleichtern Automatismen das Leben. Sich die Schuhe anzuziehen, ohne darüber nachdenken zu müssen, ist ein Beispiel dafür. Neue Denk- und Verhaltensweisen anzunehmen, setzt voraus, dass man aufmerksam ist. Mit wachem Geist durchs Leben zu gehen, ist am Anfang anstrengend, wenn man vorher das meiste im Halbschlaf erledigt hat. Nicht wieder einzuschlafen, kostet mehr Energie als sonst.

Wie ich bereits sagte, wird der Angstkreislauf durch zwei Faktoren in Gang gehalten. Angespannte Muskeln und ein kurzer Ausatem signalisieren dem Gehirn, dass der Körper im Alarmzustand ist. Die Bereitschaft zu einer Angstreaktion ist vorhanden. Bei der kleinsten Kleinigkeit kann der volle Alarm ausgelöst werden. Bei Angst bedeutet das im schlimmsten Fall Panik. Im Bereitschaftsdienst sucht das Gehirn fieberhaft nach eventuellen Gefahrenquellen. Es produziert verstärkt angsterfüllte Bilder und Geschichten.

Beunruhigende innere Bilder und Filme sowie angstbesetzte Wörter, Sätze und Geschichten lassen nicht zu, dass der Körper zur Ruhe kommt. Solange die Fantasie dem Gehirn vorgaukelt, dass mit Problemen zu rechnen ist, setzen die entsprechenden Hirnareale Botenstoffe und Impulse frei, die zu einer Anspannung der Muskeln und zu einem kurzen Atem führen.

So entsteht ein Kreislauf. Daraus kann man sich nur befreien, indem man ihn an einem der beiden Punkte durchbricht. Volle Ruhe kehrt erst ein, wenn man *beide* Faktoren ausschaltet.

Wie ich meinen Atem beruhigt habe, wissen Sie bereits. Wenden wir uns also dem entspannten Denken zu.

Ohne *Muss* kein *Stress*

Die Kognitive Verhaltenstherapie hat eine Reihe von Gedankenfehlern erkannt, die zu Ängsten, Depressionen und Aggressionen führen. Da dies kein Lehrbuch dieser Methode ist, beschreibe ich nur diejenigen, mit denen ich mir das Leben schwer gemacht habe und die bei anderen ebenfalls Angst auslösen.

An erster Stelle steht das Muss-Denken. Es erzeugt permanenten psychischen Druck. Dadurch entsteht körperliche Anspannung. Diese ist der Nährboden für anhaltende Ängste und wiederkehrende Panikattacken.

Was ist unter dem Muss-Denken zu verstehen? Indem ich mir während des Studiums sagte: »Ich muss das Examen schaffen. Sonst bin ich ein Versager. Dann wird nie etwas aus mir. Ich muss alles tun, damit alle mit mir zufrieden sind«, habe ich mich unter Dauerspannung gesetzt.

Solche absoluten Forderungen sind schädlich. Sie erlauben einem nicht, sich wohlzufühlen und optimal zu handeln. Wo stand geschrieben, dass ich die Prüfung bestehen musste? Man kann auch ohne Universitätsabschluss glücklich werden. (Ich übe jetzt Berufe aus, für die überhaupt kein Zeugnis erforderlich ist: Autor und Coach. Kleine Ironie des Schicksals!) Jedermanns Darling sein zu wollen, ist nicht erstrebenswert. Außerdem ist es unmöglich, wie die folgende Geschichte zeigt: Ein Mann ist mit seinem kleinen Sohn und einem Esel unterwegs. Das Kind sitzt auf dem Esel. Ein Passant schüttelt darüber den Kopf:»Der arme alte Mann muss laufen und der Prinz macht es sich auf dem Esel gemütlich.« Empfindlich gegen diese Kritik, setzt sich der Mann auf den Esel und lässt seinen Sohn laufen. Das missfällt dem nächsten Vorübergehenden:»Das arme Kind. Sein Vater nimmt keine Rücksicht auf sein zartes Alter.« Daraufhin nimmt der Mann seinen Sohn zu sich auf den Esel. Empört sagt eine Frau am Wegesrand:»So ein Schinder. Der bedauernswerte Esel muss in der Mittagsglut zwei Lasten tragen.« Also steigen beide ab und laufen neben dem Esel. Zwei Wanderer, die ihnen entgegenkommen, lachen darüber:»Was sind das für Idioten? Haben einen Esel und reiten nicht.«

Nachdem ich erkannt hatte, dass die Kritik nie verstummen würde, tat ich nur noch das, was ich persönlich für richtig hielt, unabhängig davon, was andere meinten. Irgendjemand würde mein Verhalten immer als falsch ansehen. Dann wollte ich es lieber mir und meinen FreundInnen recht machen als meinen KritikerInnen.

Auf absolute Forderungen zu verzichten, heißt nicht, keine Wünsche mehr zu haben. Sich etwas zu wünschen unterscheidet sich vom unbedingten Habenmüssen dadurch, dass man entspannt bleibt und Alternativen in Betracht zieht, falls sich der Wunsch nicht erfüllt.

Hinter den allermeisten Ängsten steht ein unausgesprochenes Muss-Denken. Wenn solche Gedanken zur Gewohnheit werden, nimmt man sie nicht mehr bewusst wahr. Man bemerkt nur die Angst, aber nicht mehr das Denken, das dahintersteht. Sobald man sich klarmacht, was einem durch den Kopf geht, findet man die eigentliche Ursache, nämlich das unbedingte Müssen.

Unsere Gesellschaft fördert ungesundes Denken. Wir werden schon als Kinder ständig angetrieben: »Du musst dieses tun. Du musst jenes tun.« In der Schule und bei der Arbeit geht es weiter. Es zieht sich durch alle Bereiche: Beziehungen, Freizeit, Sport, Gesundheit. Mir fällt nichts ein, was grundsätzlich frei davon wäre. Überall herrschen unbedingt einzuhaltende Regeln: »Du musst die Nummer eins werden. Du musst dich mehr anstrengen. Du musst dich mal entspannen. Du musst, du musst, du musst.«

Den allgegenwärtigen Anforderungen nicht gerecht zu werden, hat mir früher Angst gemacht. Wenn ich mich umsehe, stelle ich fest, dass es vielen genauso geht. Menschen glauben, eine steile Karriere machen zu *müssen*, perfekte Eltern sein zu *müssen*, anerkannt und beliebt sein zu *müssen* und vieles mehr.

Als ich mich von diesem Denken befreite, ging es mir besser.

106

Die Farben des Regenbogens

Als Teenager war ich ein hoffnungsloser Idealist. Heute habe ich auch noch Ideale, aber ohne den -ismus dahinter. Damals zerfiel meine Welt in starke Gegensätze. Entweder – oder, anders schien es nicht zu gehen. Damit sind wir beim nächsten Gedankenfehler, dem Alles-oder-nichts-Denken. Der Bewegungspädagoge Moshe Feldenkrais hat einmal gesagt, wer nur eine Möglichkeit sehe, befinde sich in einer Zwangslage, wer zwei Möglichkeiten habe, stecke in einem Dilemma, erst bei drei Alternativen beginne die Freiheit.

Mit dem Muss-Denken begibt man sich in eine Zwangslage. Mit dem Alles-oder-nichts-Denken schafft man sich ein Dilemma. Angstfreiheit kann man bei beidem nicht erwarten.

Idealismus ist problematisch. Er kann zu einer Abwertung der unvollkommenen Realität führen. Man kann sich fast alles besser vorstellen, als es tatsächlich ist. Von da an ist es nur ein Schritt zum Perfektionismus. Die Bereitschaft, sich mit weniger als dem absoluten Ideal zufriedenzugeben, nimmt rapide ab. Kompromisse scheinen dann unerträglich zu werden.

Das Alles-oder-nichts-Denken baut scharfe Gegensätze auf: schwarz oder weiß, entweder oder, jetzt oder nie, alle oder keiner, hier oder nirgends, du oder ich, immer oder nie, oben oder unten, rechts oder links, ganz oder gar nicht, sein oder nicht sein.

Es gibt kaum noch Zwischentöne oder -stufen. Der Regenbogen verliert seine Farben. So eine Welt ist beängstigend. Sie existiert nur im Kopf. Im schlimmsten Fall wird man mit dem Alles-oder-nichts-Denken zum Extremisten. Das wurde ich nicht. Aber ich musste lernen, differenzierter zu denken, damit meine Ängste verschwanden.

Fehlalarm

Nicht alles, was glänzt, ist Gold. Mit der Angst verhält es sich ebenso: Nicht alles, was einen ängstigt, ist gefährlich. Tatsächlich ist das Leben viel sicherer geworden als in früheren Zeiten: Bei uns muss niemand fürchten zu verhungern. Gefährliche Tiere leben hier im Zoo. Zahlreiche Sicherheitsprüfungen und -plaketten gewährleisten, dass Leitern, Werkzeuge, elektrische Geräte und vieles mehr gefahrlos benutzt werden können.

Die meisten Sorgen könnte man sich sparen. Das Befürchtete tritt selten ein. Wie so viele andere haben mich diese Erkenntnisse nicht gehindert, trotzdem in Angst und Panik zu leben, so als sei alles, was mir etwas bedeutet, ständig bedroht.

Wie ist so etwas möglich? Warum fürchten sich manche zu fliegen? Warum bekam ich Angst, wenn ich mit der U-Bahn fuhr? Die Antwort hat der Philosoph Epiktet bereits vor 2000 Jahren gegeben: Nicht die Dinge beunruhigen uns, sondern die Gedanken, die wir uns über sie machen.

Flugzeuge sind ein sehr sicheres Transportmittel. Nur sehr selten stürzt eines ab. Daher ist die Wahrscheinlichkeit gering, bei einem Flugzeugabsturz zu sterben. Wenn man sich jedoch vor jedem Flug immer wieder vorstellt, wie die Maschine im Meer versinkt, ängstigt man sich. Nimmt man jedes unbekannte Geräusch, jedes Rumpeln und Fallen als untrügliches Anzeichen, dass das Flugzeug in wenigen Sekunden auf dem Boden zerschellen wird, steigert man seine Befürchtungen um ein Vielfaches. Auf diese Weise wird man nicht eine ruhige Minute an Bord haben. Nach der Landung macht man sich bereits Sorgen wegen des bevorstehenden Rückflugs.

Epiktets Weisheit lässt sich ergänzen um den Satz, dass nicht nur unsere Gedanken uns beunruhigen, sondern auch unsere verspannten Muskeln und unser schnelles, kurzes Atmen. Die Reise in einem Flugzeug führt nicht zur Angst. Sonst müssten alle Passagiere sie spüren. Tatsächlich hat jedoch nur ein Teil der Reisenden Flugangst, nämlich diejenigen, die sich Katastrophen vorstellen und nicht mehr richtig zu atmen wagen. Die anderen, die an ihren Urlaub denken, ein Buch lesen oder einen Film sehen, haben keine Probleme, zu fliegen. Manche genießen es sogar.

Meine Angst, U-Bahn zu fahren, beruhte auf den gleichen Ursachen. Anstatt zu lesen oder etwas Erfreuliches zu denken, machte ich mir Sorgen um meine Sicherheit. Besonders wenn der Zug unplanmäßig im Tunnel anhielt, was in Hamburg eine Zeit lang andauernd vorkam, erlebte ich eine emotionale Berg-und-Tal-Fahrt.

Nachdem ich die Kognitive Verhaltenstherapie kennengelernt hatte, wusste ich, dass es ein Fehler ist, von seinen Gefühlen auf Tatsachen zu schließen. Wenn ich Angst hatte, bedeutete dies nicht unbedingt, dass ich in Gefahr war.

Viel wahrscheinlicher war es, dass ich mich mit meinen eigenen Fantasien erschreckte und nicht mehr vernünftig atmete. Das konnte ich leicht überprüfen.

Leider waren meine Ängste damit nicht automatisch verschwunden. Es konnte passieren, dass ich aus heiterem Himmel in Panik geriet, zum Beispiel während ich das Geschirr aus dem Spüler räumte. Normalerweise machte ich dann nicht weiter, sondern versuchte, mich erst zu beruhigen. Das konnte lange dauern. Irgendwann beschloss ich, mich weder durch Angst noch durch Panik an dem hindern zu lassen, was ich tun wollte. Das war allerdings leichter gesagt als getan. Der Sinn der Panik besteht ja darin, den gesamten Organismus auf Flucht einzustellen. Der Puls rast, der Atem fliegt, die Gedanken stürzen über einen herein. In dem Zustand den Tag normal fortzusetzen, verlangt wilde Entschlossenheit, da man davon überzeugt ist, im nächsten Moment überzuschnappen oder tot umzufallen.

Heißt es nicht, man könne vor Angst sterben? Ich bin den (wenigen) Autoren, Ärzten und Psychologen sehr dankbar, die klipp und klar sagen, dass Panikattacken einen nicht umbringen. Wir sind dafür gemacht, in Panik zu geraten und sie zu überleben. Die Natur hat diesen Alarm geschaffen, damit wir reale Gefahren überstehen, nicht damit wir sterben. Eingebildete Bedrohungen stellen kein Risiko dar, selbst wenn die daraus resultierende Panik sich schlimm anfühlt.

Diese Informationen waren äußerst hilfreich. Es kam mir trotzdem jedes Mal so vor, als würde ich sterben. Aber ich nahm diese Befürchtung nicht mehr ernst. Ich dachte:»Okay, dann ist es jetzt eben vorbei. Pech! Solange ich noch lebe, räume ich weiter den Geschirrspüler aus.« Nichts hat mich so schnell beruhigt, wie diese Einstellung! Es war verblüffend.

Dieser Strategie blieb ich treu. Bekam ich beim Spazierengehen Panik, ging ich nicht nach Hause, sondern setzte meinen Spaziergang fort, auch wenn mir für kurze Zeit die Knie zitterten. Überfiel mich beim Fernsehen Angst, konzentrierte ich mich, so gut es ging, weiter auf den Film. Ging ich über eine Brücke, ließ ich mich weder durch Tod noch Teufel aufhalten.

Schritt für Schritt kam ich voran.

Es könnte schiefgehen

Möchten Sie alt werden? Ihre Antwort wird davon abhängen, wie Sie sich die Zukunft vorstellen. Die einen denken: Alzheimer, debil, Speichel läuft aus dem Mund, Haare grau, Gesicht faltig, Körper krumm, alles tut weh, arm und einsam, Freunde tot, Rollstuhl, angeschlossen an eine Beatmungsmaschine. So möchte kaum jemand ein hohes Alter erreichen.

Andere stellen sich das Altern so vor: geistig wach, gesund, ein paar Wehwehchen, nicht der Rede wert, Haare gut geschnitten, ein schön gealtertes Gesicht, neue FreundInnen, alte Bekannte, eine Familie aus Kindern, Enkeln und/oder Wahlverwandten, eine partnerschaftliche Beziehung, die mit jedem Jahr dazugewinnt, Weisheit, ein sorgenfreies Leben und am Ende ein sanfter Tod. Unter diesen Umständen würden viele gerne lange leben.

Was wird aus mir werden? Diese Frage stellt sich in jeder Lebensphase. Was wird die Zukunft mir bringen? Niemand kann dies sicher wissen. Selbst WahrsagerInnen behaupten nicht, dass sie *alles* voraussehen können, jedenfalls nicht, wenn sie seriös sind.

Egal was passieren wird: Wenn man davon überzeugt ist, mit allem fertig zu werden, kann man dem Kommenden entspannt entgegensehen. Heute ist mir das klar. Früher machte ich mir ständig Sorgen. Werde ich den Tag überstehen? Oder wird mich die nächste Panikattacke dahinraffen? Werde ich eine Partnerin finden? Wie soll ich bloß durch die Prüfung kommen?

Was ist, wenn …? Das ist für Ängstliche die Frage aller Fragen. Die Antwort steht fest: Es wird böse enden. Die Katastrophe naht. Wenn nicht der Weltuntergang, dann zumindest das persönliche Desaster. Nur die Fantasie bestimmt die Grenzen.

Eine ungünstige Zukunft vorauszusehen, ist ein Lieblingssport in unserer Gesellschaft. Die Eltern sagen dem Kind, dass aus ihm nichts werden wird. Die Lehrer stimmen dem zu. Die Journalisten sehen das Ende kommen. Die Physiker versuchen, das Datum zu berechnen.

Was in den Medien steht, besteht nur zu einem kleinen Teil aus Fakten. Das meiste sind Vermutungen, Bewertungen und Meinungsäußerungen. Was geschehen ist, wird überwiegend negativ gedeutet. Das Kommende wird gefürchtet; denn Gutes wird nur selten erwartet.

Voreilige Schlüsse zu ziehen, ist die zweitliebste Beschäftigung einer großen Zahl von Menschen. Was bedeutet es, dass der 1. FC Spitzenverein das Spiel verloren hat? Klarer Fall: Meisterschaft vergeigt. Was zieht die Finanzkrise in Südeuropa nach sich? Keine Frage: Euro gescheitert, Renten weg, Abendland kaputt. Woody Allen sagt von sich, dass er nicht hypochondrisch, sondern alarmistisch sei. Das traf auf mich auch zu. Ich bildete mir nicht ein, krank zu sein. Aber wenn ich etwas hatte, nahm ich schnell an, dass es mit mir zu Ende gehe. Das ist eine Variante voreiliger Schlüsse. Zitat Woody Allen: Es ist kein Hautkrebs, sondern nur ein Fleck auf deinem Hemd.

Natürlich geht im Leben einiges schief. Das macht aber nichts, solange man darauf vertraut, dass es irgendwie gut weitergeht. Man kann sich die Zukunft so schwarzmalen, wie man will. Hauptsache, am Schluss steht ein Happy End, sei es in dieser oder einer anderen Welt. Negatives Denken mit einem Sahnehäubchen. Nicht meine Empfehlung, aber besser als nichts.

Für PessimistInnen bedeutet bereits das ein hartes Stück Arbeit. Wenn man es seit Jahrzehnten gewohnt ist, das Schlimmste anzunehmen, wird man nicht über Nacht zum Optimisten. Echte PessimistInnen würden eine schnelle Änderung ihrer Denkgewohnheiten ohnehin bezweifeln.

Ich musste erst zwischen Möglichkeiten und Wahrscheinlichkeiten unterscheiden lernen. Möglich ist fast alles, auch das Schlimmste. Aber ist es wahrscheinlich? Neigt man dazu, stets das Katastrophalste anzunehmen, sollte man trainieren, sich vorzustellen, was das Bestmögliche wäre, das passieren könnte. Diese Alternative bedenken Ängstliche und Pessimisten selten. Falls dieser Schritt zu groß ist, kann man überlegen, was das Wahrscheinlichste sein wird. Am wahrscheinlichsten ist es, dass weder das Beste noch das Schlimmste eintreten wird.

Außerdem musste ich lernen, zu vertrauen: mir, anderen Menschen und der Zukunft. Früher wollte ich Gewissheit haben, bevor ich mich entspannte. Deshalb kam ich selten dazu. Vertrauen gehört zu den drei Dingen, die den Sorgenvollen am meisten fehlen. (Ein langer Atem und entspannte Muskeln sind die beiden anderen.) Vertrauen beginnt wie die Angst im Kopf. Statt mir weiter Katastrophen auszumalen, machte ich mir schöne Gedanken. Ich stellte mir vor, wie mir meine Vorhaben gelangen. Aber ich wollte nicht blind vertrauen. Deshalb suchte ich Indizien, die meinen Optimismus rechtfertigten. Zweifel entkräftete ich durch Gegenargumente.

Damit wir uns richtig verstehen: Es geht nicht darum, alles in ein rosarotes Licht zu tauchen. Gerade weil ich ein Optimist bin, kann ich den harten Fakten und realistischen Prognosen umso leichter ins Gesicht sehen. Vor einigen Monaten hatte ich eine Diskussion mit Freunden über Fehlentwicklungen in unserer Gesellschaft und überhaupt auf diesem Planeten. Ich vertrat den Standpunkt, dass die Menschheit in eine Katastrophe laufen wird, wenn sie nicht bald einen anderen Weg einschlägt.

Seit dem Bericht des Club of Rome aus dem Jahr 1972 über die Grenzen des Wachstums halte ich wie jeder vernünftige Mensch die herrschende grenzenlose Wachstumsideologie für einen Wahnsinn. Der Club of Rome hat in seinem jüngsten Bericht seine Annahmen bekräftigt und konkretisiert, dass schon in den nächsten Jahrzehnten mit regionalen Kollapsen der Umwelt, mit einer Verstärkung des Klimawandels, einem Anstieg der Temperaturen und des Meeresspiegels und daher mit mehr Dürren und Fluten zu rechnen ist. Erste Anzeichen sprechen dafür.

Einer Freundin aus dieser Diskussionsrunde machten diese wohlbegründeten Voraussagen schwer zu schaffen. Sie warf mir vor, alles so negativ zu sehen. Aber das stimmte nicht. Ich sehe nicht »alles« negativ, sondern nur bestimmte Entwicklungen. Ich setze mich nach Kräften dafür ein, dass mehr Menschen begreifen, dass es so nicht weitergehen kann. Umweltbewusstsein ist für mich keine Phrase. Ich besitze kein Auto, sondern fahre mit öffentlichen Verkehrsmitteln, kaufe in Bioläden ein und vieles mehr. Dazu muss ich mich nicht zwingen, sondern es macht mir Spaß. Ich bin gerne mit U- und S-Bahnen unterwegs, weil ich gerne Menschen begegne. Das Reisen in Zügen finde ich sehr angenehm, weil ich lesen oder aus dem Fenster schauen kann. Ich kann mich unterwegs bewegen oder ein Nickerchen machen. Das Gemüse aus dem Bio-Supermarkt schmeckt einfach besser.

Ich glaube nicht an die Apokalypse. Das Leben auf der Erde würde nach den Umweltkatastrophen weitergehen. Die Frage ist nur, für wen. Wie bei den Weltkriegen würde extrem viel unnötiges Leid entstehen. In Europa hat der Zweite Weltkrieg zu einem Friedensprozess geführt, der einmalig in der Geschichte ist. Aber der Lernprozess war unglaublich schmerzhaft. Um zu lernen, braucht man keine Kriege. Nur wer nicht lernen will, muss fühlen. Werden wir freiwillig umkehren oder erst nach verheerenden Entwicklungen in der Umwelt bereit sein, anders zu leben als jetzt?

Ich vermisste bei dieser Freundin die Fähigkeit, sich den Umweltproblemen, die ja nicht eingebildet sind, zu stellen. Sie schien mir eine Anhängerin des Positiven Denkens zu sein. Mit dieser Denkweise neigt man dazu, die Probleme und ihre Folgen zu verdrängen oder sich einzureden, dass eigentlich alles gar nicht so schlimm sei. Nur wenn mal wieder ein Atomkraftwerk durchgeschmolzen ist, rennt man aufgeregt in der Gegend herum. Ansonsten macht man möglichst so weiter wie bisher.

Solange die Katastrophen nicht eingetreten sind, glaube ich, dass sie vermeidbar sind unter der Voraussetzung, dass viele Menschen ihr Denken und Handeln ändern. Sollte das Schlimmste dennoch eintreten, bin ich davon überzeugt, dass es nicht das Ende sein wird. Es würde zwar viele schmerzhafte Veränderungen mit sich bringen. Aber wahrscheinlich würde die Menschheit aus dem Unglück lernen, sodass es schließlich wie in jeder guten Geschichte doch noch ein Happy End gäbe.

Gedankenlesen

Die Meinung anderer über mich war mir früher unglaublich wichtig. Wenn sie mich mochten, war ich glücklich. Lehnten sie mich ab, beschäftigte mich das lange Zeit. Dadurch machte ich mein Glück abhängig von fremden Meinungen. Ich war einem Wechselbad der Gefühle ausgesetzt. Je nach dem aktuellen Stand des Meinungsbarometers ging es mir gut oder schlecht.

Aber das war noch nicht alles. Selbst wenn mich jemand mochte, war ich mir nicht sicher, ob das so bleiben würde. So entwickelte ich gleich zwei Ängste. Die Angst, nicht geliebt zu werden, sowie die Befürchtung, die Liebe der anderen zu verlieren. Aus dieser Zwickmühle kommt man nur heraus, indem man lernt, sich selbst zu lieben. Dann schwankt man nicht mehr wie ein Kornfeld im Wind. Es ist schön, wenn die Wertschätzung anderer hinzukommt. Aber man braucht sie nicht. Kritik wirft einen nicht mehr um, weil das Glück nicht auf fremde Meinungen angewiesen ist.

Zu lieben (sich, andere, das Leben, die Welt) ist generell wichtiger als geliebt zu werden. Derjenige, der liebt, ist im siebten Himmel. Wer darauf wartet, geliebt zu werden, sitzt in einem Fahrstuhl. Mal geht es nach oben, mal nach unten. Dann und wann heißt es lapidar: außer Betrieb.

Noch schwieriger wird es, wenn man voreilig annimmt, dass die anderen einen nicht mögen. Die negativen Vermutungen können sich auf vieles beziehen: das Aussehen, die Herkunft, die Hautfarbe, das Alter, die Leistungen, den Glauben oder die politischen Ansichten.

Jeder erlebt Ablehnung. Aber es ist grundverkehrt, deswegen aufzuhören, andere etwas zu fragen oder sie um einen Gefallen zu bitten, nur weil man befürchtet, eine negative Antwort zu bekommen. Man kann die Gedanken der anderen nicht lesen. Man weiß nicht, wie sie reagieren werden.

Nehmen wir einmal an, Sie hätten sich ein Ziel gesetzt, das

Sie nur zusammen mit anderen erreichen können. Es könnte sich um eine Ausbildung, eine Freundschaft oder einen Kredit handeln. Wählen Sie ein Ziel, das Sie glücklich machen würde. Trauen Sie sich, andere anzusprechen? Wie oft werden Sie es wagen? Nach wie vielen Versuchen geben Sie auf? Ich kenne Menschen, die nach einem einzigen Fehlversuch ihren Lebenstraum begraben haben. Ich verurteile das nicht. Aber ich wünsche mir, dass mehr Leute so viel Vertrauen in sich, die anderen und das Leben entwickeln, dass sie weitermachen, bis sie ihren Traum verwirklicht haben.

Vor Kurzem habe ich gelesen, dass zehn Millionen Deutsche SchriftstellerIn werden möchten. Zwei Millionen haben angeblich fertige Manuskripte in der Schublade. Ich weiß nicht, ob diese Zahlen stimmen, kann aber bestätigen, dass erstaunlich viele sagen, sie könnten oder möchten auch ein Buch schreiben, wenn sie hören, dass ich Autor bin.

Mit zehn Jahren wusste ich, dass ich später Schriftsteller werden würde. Ich kann mich noch genau an den Tag und den Ort erinnern, als mir dieser Gedanke durch den Kopf ging. Vor dem Abitur wurden wir gefragt, was wir beruflich machen wollten. Ich gab Journalist an. Das war das Äußerste, was ich mir in Bezug auf professionelles Schreiben vorstellen konnte. Tatsächlich entschied ich mich jedoch, Jura zu studieren. Damit begann ein langer Umweg.

35 Jahre hat es gedauert, bis ich mich traute, ein Buch zu schreiben. Ich hoffe, dass es Ihnen eher gelingt, das zu tun, was Sie mögen, auf die Gefahr hin, dass es einigen nicht gefällt.

Von Mücken und Elefanten

Meine Mutter war eine Meisterin im Dramatisieren. Albert Ellis hätte seine helle Freude an ihr gehabt. Damit Sie das verstehen, muss ich wohl ein bisschen mehr über die Rational-Emotive Verhaltenstherapie erzählen.

Ellis stellte schon Anfang der 1950er-Jahre fest, dass die Psychoanalyse, in der er ausgebildet worden war, seinen PatientInnen nicht half, ihre emotionalen und praktischen Probleme zu lösen. Auf der Suche nach einem neuen Ansatz stieß er auf den Philosophen Epiktet, der bereits lange vor ihm entdeckt hatte, dass die Menschen sich mit ihrem Denken viele Schwierigkeiten selbst schaffen und sich durch eine realistischere Lebensphilosophie von ihren Problemen befreien können.

Ellis probierte die neue Methode aus. Tatsächlich machten die Ratsuchenden mithilfe einer vernünftigeren Denkweise rasche Fortschritte. Ellis nannte sein Verfahren zunächst einfach Rationale Therapie. Ihm war von Anfang an klar, dass sie nicht nur Menschen psychisch »heilte«, sondern dass sie auch ein sehr gutes pädagogisches Instrument darstellte, das präventiv eingesetzt werden konnte.

Die Rational-Emotive Verhaltenstherapie revolutionierte in den folgenden Jahrzehnten die Psychotherapie. Zahlreiche Therapeuten übernahmen Ellis' philosophisches Konzept, auch wenn sie sich häufig einer anderen Psychotherapieschule zugehörig fühlten. Umwälzend war an dem neuen Konzept, dass es emotionale und behaviorale Probleme, also solche im Denken und Verhalten, auf eine falsche Lebensphilosophie zurückführte, nicht ausschließlich, aber in den meisten Fällen.

Vorher waren diejenigen, die ihre Gefühle nicht beherrschen konnten und verhaltensauffällig wurden, häufig den absonderlichsten Behandlungen ausgesetzt worden. Nicht selten wurden sie dämonisiert. Priester glaubten, sie seien vom Teufel besessen. Auch bei Sigmund Freud und seinen Schülern finden sich oft noch herabsetzende (»analer Charakter«) und mythenbildende (»Ödipus-Komplex«) Theorien. Albert Ellis räumte im Geiste der Aufklärung mit solchen Vorurteilen auf. Im Mittelpunkt seiner Therapie/Philosophie standen folgende Denkfehler:

– Soll- und Muss-Vorstellungen

– Überdramatisierungen

– die Ich-kann-es-nicht-mehr-aushalten-Haltung

– Selbstverurteilungen.

Diese gilt es zu korrigieren.

Über die Stress provozierenden Muss-Gedanken habe ich bereits das Notwendige gesagt. Wenden wir uns den übrigen geistigen Fehlhaltungen zu.

Und damit sind wir wieder bei meiner Mutter und meiner Angst. Von ihr habe ich als Kind gelernt, wie man überdramatisiert. Sie machte aus jeder Mücke einen Elefanten und genoss es offenbar. Das habe ich aber erst später begriffen, weil sie eine so gute Schauspielerin war. Ich nahm alles ernst, was sie sagte. Wenn sie einen schlechten Tag hatte, sagte sie, sie wolle nicht mehr leben. Darüber war ich jedes Mal zu Tode erschrocken. (Merken Sie die Übertreibung in dieser Formulierung? Ich kann es auch, wenn ich will.)

Am Telefon heulte sie ihrer Freundin die neuesten Familientragödien vor. (Eigentlich war nichts Besonderes passiert.) Danach ging sie in die Küche und aß mit großem Appetit und seelenruhig ein Butterbrot. Sie verstand es ausgezeichnet, Theater zu machen. Nachdem sie ihre Auftritte gehabt hatte, beruhigte sie sich schnell wieder. Das wusste außer mir aber kaum jemand. Da sie während ihrer emotionalen Ausbrüche so überzeugend war, brauchte ich jedoch sehr lange, mich innerlich davon zu distanzieren und gelassen zu bleiben.

Ellis hätte wie gesagt seine Freude an ihr gehabt, weil sie sämtliche Musterbeispiele irrationalen Denkens bot. Meine Mutter hatte sehr starre Vorstellungen davon, was sich gehörte. Es musste und sollte alles genau so ablaufen, wie sie sich das dachte. Sie wusste mit Bestimmtheit, was nicht sein durfte. Die Realität machte ihr natürlich immer wieder einen Strich durch ihre Rechnung. Dann schallte es durch die Wohnung: »Es ist alles furchtbar. Ich halte das nicht mehr aus. Warum muss mir das passieren? Oh Gott, nimm mich zu dir.«

Mit einer solchen Mutter wird man zum natürlichen Anhänger der Rational-Emotiven Verhaltenstherapie. Ich habe eine gewisse Abneigung gegen Dramatisierungen entwickelt, weil ich gesehen habe, das sie zu nichts führen. Jeder, der meint, dass der Ausdruck großer Gefühle eine befreiende Wirkung hat, hätte meine Mutter kennenlernen sollen. Ihre immer gleichen Dramen hat sie bis ins hohe Alter aufgeführt. Ging es ihr dadurch besser? Nein, es änderte sich nichts. Null.

Falls Sie beim Lesen den Eindruck gewonnen haben, dass ich meine Mutter nicht mochte oder sie mich nicht oder unser Verhältnis miserabel war, muss ich Sie enttäuschen. Ich schildere hier nur bestimmte Seiten von ihr, nämlich die, die zu meinen Ängsten beitrugen. Ich könnte erzählen, wie herzlich, großzügig und fröhlich sie war. Aber das würde in diesem Zusammenhang nichts bringen. Meine Mutter hat sich übrigens auch nie umgebracht. Sie wurde bei guter Gesundheit 88 Jahre alt.

Wenn man mit einer Person eng zusammenlebt – noch dazu als Kind –, die ihre Gefühle nicht beherrschen kann und gelegentlich auch ihr Verhalten nicht, ist es keine Frage, ob das abfärbt, sondern nur wie sehr. Ich dachte zunächst, dass ich mich von meiner Mutter genügend abgegrenzt und ihre negativen Seiten bewusst nicht übernommen hatte. Aber das stellte sich als Irrtum heraus. Im Kern bin ich genauso impulsiv und leidenschaftlich wie sie. Nur habe ich später meine übernommenen Denkfehler berichtigt und meine Sorgen und Ängste abgelegt.

Bitte nur die Tatsachen

Ab und zu treffe ich Leute, die mir weismachen wollen, dass es etwas Wunderbares sei, in Gefühlen zu schwelgen. Ich weiß nicht, welche Erfahrungen diese Menschen gemacht haben. Vermutlich kommen sie aus Elternhäusern, in denen Emotionen grundsätzlich sehr unterkühlt waren. In dem Fall ist es bestimmt befreiend, Gefühle nicht mehr unterdrücken zu müssen, sondern sie offen zum Ausdruck bringen zu dürfen.

In meinem Fall war es umgekehrt. Je länger ich die Gefühlsausbrüche meiner Mutter erlebte, desto mehr sehnte ich mich nach Selbstbeherrschung. Viele Menschen in meiner Umgebung waren dazu nicht in der Lage, seien es Familienangehörige, Nachbarn, Kinder oder Lehrer. Ich war als Kind jähzornig. Meine Wut ließ ich an meinem Teddy aus, was noch ein angemessener Umgang mit starken Emotionen ist. Ich schleuderte ihn durchs Zimmer. Zum Glück war er sehr robust und nicht nachtragend. Dass Kinder nicht mit ihren Gefühlen umgehen können, ist normal. Sie können auch anderes noch nicht. Aber dass ein großer Teil der Erwachsenen ebenfalls nicht in der Lage ist, die Emotionen zu kontrollieren, ist ein Armutszeugnis. Ich darf das sagen, weil ich einer dieser Erwachsenen war.

Noch schlimmer ist es, dass Werte ins Gegenteil verkehrt werden. Da ist die Rede davon, dass jemand »positiv verrückt« oder »positiv krank« sei, wenn Fußballspieler oder -fans (Fan kommt von Fanatiker) ausrasten. Vernunft wird infrage gestellt. Viele halten es für »intensiv leben«, wenn sie selbst oder andere von einer Katastrophe in die andere stolpern oder sich mit Alkohol »die Kante geben«. »Feiern, bis der Arzt kommt« gilt als Wochenendritual. »Ausflippen« findet ein Großteil der Leute gut. »Immer vernünftig leben – wie langweilig« oder »Ist mein Leben zu vernünftig?« Mit solchen oder ähnlichen Überschriften greifen Medien den Trend auf.

Eine meiner Tanten bedauerte, kein Laster zu haben. Sie rauchte nicht, trank nicht und war sexuell nicht ausschweifend. Ich weiß nicht, ob sie wirklich ein Laster brauchte. Vermutlich hätte ihr ein erfüllendes, glückliches Leben mehr gebracht. Ich halte nichts davon, Mythen aufzubauen. Suchtverhalten ist die Folge unbefriedigter Bedürfnisse. Wenn Menschen ihre primären Wünsche nicht erfüllen können, neigen sie dazu, sie abzuwerten und stattdessen amoralische oder strafbare Handlungen zu verherrlichen. Man kann das beispielsweise bei Jugendgangs beobachten oder bei Sadomasochisten. Schmerz wird erstrebenswert, wenn der Weg zum Glück verschlossen scheint. Der spanische Faschismus schrieb »Viva la muerte« (Es lebe der Tod) auf seine Fahnen. Damit erreichte die Umkehrung der Werte einen Höhepunkt.

Ich bin dafür, Perversionen und verquere Vorstellungen beim Namen zu nennen und sie nicht als ideal darzustellen. Vernunft ist gut, Unvernunft schlecht. Dabei sollte es bleiben, es sei denn, jemand wollte seinen Verstand aufgeben.

Ich kenne beides: Jähzorn und Gelassenheit, Panik und Vertrauen, Depression und Glück. Ich kann jedem versichern, dass Gelassenheit, Glück und Vertrauen die bessere Wahl bedeuten.

Vor mehr als 30 Jahren stieß ich zufällig auf die Lehre des Buddha. Seine Philosophie gefiel mir in weiten Teilen. Siddhartha Gautama war ein Mensch, der wie Sie und ich Leid erfahren hat und einen Weg fand, es zu überwinden. In Bildnissen wird er lächelnd dargestellt. Mich interessierte, wie er das geschafft hat.

1980 war es noch schwierig, an buddhistische Literatur heranzukommen. Mit den Jahren wurde es leichter. Leider hat das Verständnis der ursprünglichen Lehre des Buddha mit seiner Verehrung nicht Schritt gehalten, wie es der buddhistische Mönch Nyanaponika so treffend ausgedrückt hat. Der Buddhismus ist in verschiedene Richtungen und Sekten zersplittert. Das eigentliche Anliegen kommt zu kurz. Die Situation unterscheidet sich vom Christentum nur graduell. Die von Jesus gepredigte Nächstenliebe ist zum Lippenbekenntnis geworden. Wie erklären sich sonst die unvorstellbaren Grausamkeiten im Namen des Herrn? Kindesmissbrauch durch katholische Priester kommt zu häufig vor, um noch von Einzelfällen zu sprechen. Da die buddhistische Orthodoxie mit ihren erstarrten Ritualen das Erscheinungsbild prägt, bin ich kein Buddhist geworden. Buddhismus als Religion übt auf mich keinen Reiz aus. Ich habe jedoch nach wie vor eine große Sympathie für die ursprüngliche Lehre.

Besonders erwähnenswert finde ich den Mittleren Weg, den der Buddha wiederholt empfohlen hat. Die Extreme sind zu vermeiden. Bezogen auf Gedanken bedeutet dies, Überdramatisierungen zu unterlassen und sich lieber an die Tatsachen zu halten. Zu viel Angst ist ebenso schädlich wie zu wenig. Auf das richtige Maß kommt es an.

Die Rational-Emotive Verhaltenstherapie weist mehrere Gemeinsamkeiten mit der Lehre des Buddha auf. Beide betonen den Stellenwert der reinen Tatsachen. Die Dinge sollten so betrachtet werden, wie sie sind, ohne ihnen etwas hinzuzufügen. Dahinter steht die Erkenntnis, dass man die Wahrheit aushalten kann, überdramatisierende Interpretationen der Wirklichkeit dagegen emotionale Probleme nach sich ziehen.

Beispiel: Die Scheidung einer Ehe, wenn sie denn passiert, ist einfach eine Tatsache. Ob sie als schmerzhaft oder erleichternd empfunden wird, ist eine Frage der Bewertung, die die Betroffenen vornehmen. Eine Scheidung als Katastrophe zu bezeichnen, überdramatisiert den Sachverhalt mit den entsprechenden Folgen für das Fühlen und Handeln.

Vorschnelle Schlüsse zu ziehen, sich eine ungünstige Zukunft zu prophezeien, die Gedanken der anderen zu lesen, aus Mücken Elefanten machen und unnötige Fehlalarme auszulösen, sollte man sich ersparen. Mit Tatsachen kann man besser umgehen als mit Schreckensfantasien und Angstzuständen.

Wie unterscheidet man Tatsachen von Meinungen? Am besten kann man dies herausfinden, indem man sich fragt, was eine Kamera aufzeichnen würde. Um beim Scheidungsbeispiel zu bleiben: Sie würde filmen, wie der Umzugswagen vorfährt und die PartnerIn auszieht. Ob dies schrecklich oder erfreulich ist, darüber sagt die Kamera nichts; denn für Bewertungen hat sie keinen Sinn. Sie hält sich an die reinen Fakten.

Die Jura-Ausbildung hat mir sehr geholfen, sachlicher zu denken. Als Student löst man ständig Übungsfälle. Zunächst fiel es mir schwer, bei dem vorgegebenen Sachverhalt zu bleiben. Unbewusst fügte ich etwas hinzu oder verzerrte manche Details. Die KorrekturassistentInnen haben dies scharf kritisiert:»Sachverhaltsquetsche« schrieben sie dick an den Rand. Einen ausgedachten anstelle des beschriebenen Falls zu bearbeiten, ist ein typischer Anfängerfehler. Später habe ich bei Klausuren, bei denen man fünf Stunden Zeit bekam, eine ganze Stunde Zeit damit verbracht, den Sachverhalt genau aufzunehmen und ihn erst danach zu beurteilen.

Ich habe mich aus verschiedenen Gründen gegen eine frühe Schriftstellerkarriere entschieden. Einer davon war, dass ich die Realität verstehen wollte. Ich kannte meine Defizite und wollte keiner dieser verzweifelten Dichter werden, die ihr Leben nur im Alkoholrausch ertragen können. Die Psychoanalytikerin Alice Miller ist einigen Künstlerbiografien auf den Grund gegangen. Im künstlerischen Werk spiegeln sich oft die Kindheit und das spätere Leben. Nicht zufällig bevorzugen viele AutorInnen tragische Stoffe. Ihr Denken, Fühlen und Handeln weist eine Affinität dazu auf. Miller meint, einige der hervorragendsten KünstlerInnen hätten gerne ihr Werk gegen ein befriedigendes Leben eingetauscht. Dabei fällt mir John Lennon ein, der in Interviews offen darüber gesprochen hat. In seinen späteren Jahren hat er seinen Ruhm infrage gestellt und versucht, durch Therapien seine diversen Probleme zu lösen. Er hat sie weder glorifiziert noch geleugnet. Anders als die meisten seiner KollegInnen hat er dem Publikum klargemacht, dass jeder seiner Songs autobiografisch sei.

Es gibt kein »objektives«, vom Urheber zu unterscheidendes Werk. Bereits die Auswahl eines Themas hat eine persönliche Bedeutung, erst recht seine Ausarbeitung und Gestaltung. Niemand kommt aus seiner Haut heraus. Deshalb ist auch die behauptete Objektivität der WissenschaftlerInnen ein Ding der Unmöglichkeit. Ihre Forschung und Lehre ist notwendigerweise von Interessen geleitet. Ich habe unter den Stichwörtern »Uni-Angst« und »Uni-Bluff« bereits angedeutet, warum die Mehrzahl der HochschullehrerInnen sich hinter ihrer angeblichen Neutralität versteckt.

Man kann auch mit Tatsachen lügen, wie Wolf Biermann (ich habe geahnt, dass er in diesem Buch noch einmal auftauchen wird) so schön gesagt hat. JuristInnen tun dies regelmäßig, indem sie nur das zur Sprache bringen, was den Interessen ihrer MandantInnen entspricht.

Aber egal wie ich das Thema drehe und wende: Mich von den reinen Tatsachen leiten zu lassen, hat mir enorm geholfen, meine Ängste zu überwinden. Damit möchte ich die Auflistung der Gedankenfehler beenden. Indem ich mir diese bewusst machte, kam ich der Überwindung der Angst ein großes Stück näher. Man muss beim Denken nicht perfekt sein. Einige Fehler mache ich ab und zu noch heute. Aber selbst Albert Ellis war kein vollkommener Schüler seiner Lehre.

Ich möchte hier nur das berichten, was ich für die Reduzierung meiner Angst brauchte. Die Schritte sind nicht wahnsinnig kompliziert. Allein wenn man sich Folgendes klarmacht, wird man wesentlich besser dran sein als zuvor:

Ich bestimme mit meinen Gedanken und meinem Atem selbst, ob ich Angst habe oder nicht.

Es ist nicht schrecklich oder katastrophal, wenn die Dinge anders sind, als ich sie gerne hätte.

Ich muss nicht von allen geliebt und anerkannt werden.

Ich muss nicht perfekt sein.

Die allermeisten Gefahren und Risiken sind in Wirklichkeit nicht so schlimm, wie ich mir das in meiner Angst ausmale.

Es ist besser, wenn ich mich meinen Problemen stelle, als ihnen auszuweichen.

Ich bin stärker als meine Angst.

Ich kann meine Angst aushalten.

Panikattacken sind keine Katastrophe.

Zwei Probleme zum Preis von einem

Ich habe lange gebraucht, um zu begreifen, dass es keinen Sinn macht, vor der Angst wegzulaufen. Dadurch wird es nicht besser, sondern schlechter. Zunächst wird man zwar belohnt, wenn man die Situationen vermeidet, die man fürchtet. Aber erstens kann man seinen Fantasien und inneren Selbstgesprächen nicht entkommen und zweitens wird der Radius immer kleiner, in dem man sich dann noch bewegen kann. Ich wollte nie jemand werden, der das Haus nicht mehr verlässt.

Weglaufen bringt also nichts. Ebenso ineffektiv sind alle Versuche, die Angst zu bekämpfen. Auf den ersten Blick mag dies unlogisch erscheinen. Ist die Angst nicht der Feind, den es zu besiegen gilt?

Ich vergleiche die Angst gerne mit einem ungebetenen Gast auf einer Party. Stellen Sie sich vor, es klingelt an der Tür. Sie öffnen. Ehe Sie sich's versehen, drängt sie der ungeladene Gast zur Seite und mischt sich unter die anderen Besucher. Sie meinen, der Eindringling müsse erst verschwinden, bevor Sie weiterfeiern können. Die Party rauscht an Ihnen vorbei; denn Sie sind damit beschäftigt, die ganze Zeit nach dem unerwünschten Gast Ausschau zu halten. Wenn er in Ihre Nähe kommt oder Ihnen direkt gegenübersteht, versuchen Sie ihn zu packen und hinauszuwerfen. Aber aus Gründen, die Sie nicht verstehen, gelingt es Ihnen nicht. Trotzdem geben Sie nicht auf. Sie kämpfen weiter. (Weglaufen wäre übrigens keine Alternative. In dem Fall fände die Party ohne Sie statt.) Was tun? Nach einem chinesischen Sprichwort soll man die Gegner, die man nicht besiegen kann, umarmen. Nun würde ich nicht empfehlen, den unwillkommenen Besucher wortwörtlich zu umarmen. Man muss nicht gleich mit ihm tanzen oder den ganzen Abend mit ihm verbringen. Es würde reichen, sich auf die anderen Gäste zu konzentrieren. Dann wäre der Eindringling einer unter vielen. Wenn man ihm keine besondere Aufmerksamkeit schenkt, sieht man ihn ab und zu aus den Augenwinkeln. Manchmal läuft man ihm sogar direkt über den Weg. Aber man lässt sich die Party dadurch nicht verleiden. Es ist trotzdem ein gelungenes Fest.

Ich kann mich dunkel (!) daran erinnern, dass ich mir als Kind irgendwann meines Schattenbildes bewusst wurde. So wie eine junge Katze ihren Schwanz jagt, lief ich hinter meinem Schatten her. Ich versuchte ihn zu fangen. Zum Spaß rannte ich vor ihm davon. Je schneller ich lief, desto schneller folgte mir der schwarze Umriss. Er verschwand, wenn ich in einen noch größeren Schatten trat. Das Spiel bereitete mir großes Vergnügen.

Leider betrachtete ich den Umgang mit der Angst nicht als Spiel. Zwar tat ich dasselbe: Ich lief vor ihr davon. Sie folgte mir. Ich versuchte, sie zu fangen. Es gelang mir nicht. Aber anders als beim Schatten gab ich diese Versuche lange

Zeit nicht auf, sondern beschäftige mich ständig weiter mit meinen Ängsten.

Wieso nun zwei Probleme zum Preis von einem? Mit irrationalem Denken kann man mehrere emotionale Verwicklungen gleichzeitig schaffen. Sie lassen sich auftürmen, ineinander verschachteln und so lange zusammenschalten, bis man glaubt, den Verstand zu verlieren. Das geht so: Erst bildet man sich eine Angst ein, dann macht man sich Angst vor der Angst, gefolgt von Ärger über die Angst vor der Angst und zum Schluss ist man deprimiert, weil man sich wegen der Angst vor der Angst geärgert hat. Menschen können ziemlich bescheuert sein.

Die Bereitschaft, sich zu ängstigen, ist die Vorbedingung, um die Angst zu verlieren. Ich weiß nicht, warum das so paradox ist, aber es ist so. Der Schlüssel zu dieser Erkenntnis war wieder einmal ein Buch. Die australische Ärztin Claire Weekes hat es bereits vor 40 Jahren geschrieben. Es heißt: ›Peace from nervous suffering – The proven, successful approach to overcoming tension and anxiety‹.

»Nervous suffering«, nervöses Leiden, so wurden Ängste früher manchmal umschrieben. Damals gab es auch »Nervenzusammenbrüche«, »Gemütskrankheiten«, »nervöse Störungen«, »geistige Umnachtung« und dergleichen mehr. Man wusste es einfach nicht besser.

Trotzdem ist Weekes' Buch sehr hilfreich, vor allem weil sie dazu ermutigt, keine Angst vor der Angst zu haben. Ich probierte ihren Ratschlag sofort aus, indem ich über eine Fußgängerbrücke ging, die ziemlich lang und schmal war. Anstatt ängstlich darauf zu warten, dass die Angst einsetzte, betrat ich die Brücke in der Gewissheit, in Panik zu geraten. Es passierte nichts. Ich ging weiter. Wo bleibt die Angst?, dachte ich. Als ich einen Anflug eines flauen Gefühls im Magen spürte, sagte ich mir:»Na, endlich, wurde ja auch Zeit.« Aber dabei blieb es. Bevor ich dem weiter nachgehen konnte, war ich schon auf der anderen Seite angekommen. Ich war fast ein bisschen enttäuscht:»So einfach ist das?«

Diese Technik funktionierte aber nur, wenn ich wild entschlossen war, Angst, Panik oder was auch immer zu akzeptieren. Sobald ich hoffte, ohne Beklemmungen davonzukommen, setzten die Zweifel ein und die Ängste flammten in voller Stärke auf.

Ich gewöhnte mir außerdem an, mich wegen meiner Angstzustände nicht zu schämen. Ich sagte mir, dass jeder Schwächen habe, bei mir sei es eben dieses spezielle Gefühl. Mich hat nie jemand wegen meiner Ängste abgelehnt. Offenbar war ich der Einzige, der sie nicht annehmen wollte. Selbstverständlich gibt es verständnislose Menschen, aber die sind mir nicht begegnet. Ich selbst würde auch niemanden wegen seiner Ängste gering schätzen. Es ist anscheinend einfacher, die Probleme der anderen zu akzeptieren als die eigenen.

Die Geister verschwinden

Akzeptanz ist die Basis einer neuen, sehr vielversprechenden Therapie. Sie nennt sich Akzeptanz- und Commitmenttherapie (ACT, sprich: Äkt). Commitment ist als Fachbegriff zu verstehen. Im Englischen bedeutet das Wort so viel wie Engagement, Leistungsbereitschaft oder Verpflichtung. Was damit gemeint ist, sage ich im nächsten Kapitel, weil ich erst noch einen Moment beim Akzeptieren bleiben möchte.

Das vorhin schon erwähnte Sprichwort »Wenn du deinen Gegner nicht besiegen kannst, umarme ihn« beschreibt die Absicht der ACT sehr treffend. Es geht darum, einen Weg zu finden, *mit* der Angst zu leben, statt sie loswerden zu wollen. Je vorbehaltloser man sich erlaubt, ängstlich zu sein, desto unwichtiger wird dieses Gefühl.

Akzeptanz läuft auf den ersten Blick allem entgegen, was man üblicherweise für richtig hält. Was liegt näher als unangenehme Gefühle, vor allem wenn sie besonders arg sind, abschütteln zu wollen? Trotzdem erweist sich diese Strategie als hilfreich, weil sie die Angst vor der Angst abbaut. Akzeptanz verhindert eine Überdramatisierung.

Zusammen mit dem zweiten Schritt, dem »Commitment«, verringern sich die Ängste auf ein erträgliches Maß. Sie beherrschen den Alltag nicht mehr, weil man trotz der Angst handelt. Am Anfang braucht es eine gewisse Entschlossenheit, sein Leben nicht mehr von seinen Gefühlen bestimmen zu lassen. Man geht freiwillig die Verpflichtung (commitment) ein, sich interessante, sinnvolle Ziele zu setzen und diese zu verwirklichen, unabhängig davon, ob man nun gerade motiviert oder lustlos, voller Selbstvertrauen oder ängstlich ist.

Mich erinnert diese Strategie ein wenig an Geisterbahn fahren. Man steuert geradewegs auf die Gespenster zu, die einem den Weg versperren. Eine Flucht ist nicht möglich, ein Kampf sinnlos. Nachdem man jede Hoffnung aufgegeben hat, jedoch unbeirrt weiter auf das Ziel zuhält, verschwinden die Geister im allerletzten Moment. Juhu!! Nach der Erfahrung möchte man gleich noch mal fahren.

Leben ist eine prima Alternative

Die Beschäftigung mit der Angst nahm bei mir zu viel Raum ein. Habe ich Angst? Habe ich keine? Werde ich welche bekommen? Wie werde ich sie los? Wie bekämpfe ich sie am besten? Diese Fragen standen bei mir im Mittelpunkt. Therapie, so wie ich sie erfahren habe, verstärkte diese Tendenz noch: Warum habe ich Angst? Wann hat sie begonnen? Wann ist sie am stärksten? Wer oder was hat mir Angst gemacht? Wie kann ich sie stufenweise abbauen? Soll ich mich mit ihr konfrontieren oder nicht?

Andere Fragen kamen dabei zu kurz: Wie würde ich leben, wenn ich keine Angst hätte? Welche Ziele habe ich? Was interessiert mich beruflich? Was würde ich statt Jura gerne machen? Mit wem möchte ich zusammenleben? Wie stelle ich mir den idealen Tagesablauf vor? Wohin möchte ich reisen? Was sind meine Stärken? Was war gut im meinem Leben? Wie kann ich daran anknüpfen? Welche Lösungen kann ich mir für meine Probleme vorstellen? Was wäre der erste Schritt? Und der nächste?

Meine Therapeuten haben mir solche Fragen nicht gestellt. Im Gegenteil: Wenn ich mir Gedanken um meine Zukunft machte, erklärten sie, dass ich dadurch meinen Problemen ausweichen würde. Seit Freud herrscht Misstrauen gegen Glück, Gelassenheit und Liebe. Tugenden, positive Gedanken und Gefühle stehen unter Generalverdacht. Welche destruktiven, abgründigen Absichten stehen dahinter? Was soll damit unterdrückt werden?

PsychoanalytikerInnen und ihre SchülerInnen arbeiten massiv mit Unterstellungen, gegen die sich ihre PatientInnen nicht wehren können. Tun sie es trotzdem, wird ihnen dies als Widerstand ausgelegt, der die AnalytikerInnen in ihrer vorgefassten Meinung noch bestärkt.

In Studien hat sich gezeigt, dass PatientInnen die besten Chancen auf eine Genesung haben, wenn sie und ihre ÄrztInnen an eine Heilung glauben. Dies dürfte mit den außergewöhnlichen Fähigkeiten des menschlichen Geistes zu tun haben. Da das Gehirn in der Lage ist, elektrische und chemische Impulse auszusenden, die den Körper krank machen, kann es diesen Prozess auch umkehren. Voraussetzung dafür ist die positive Erwartung der PatientIn und ihres Umfeldes, gesund zu werden. Daran kann sich eine Entwicklung anschließen, die den Glauben an den Erfolg bestätigt.

Ich will nicht sagen, dass meine Therapeuten generell negativ eingestellt waren. Aber sie hielten es mit Sicherheit für ausgeschlossen, dass ich meine Probleme schnell, vollständig und dauerhaft überwinden könnte. Eine solche Annahme entsprach nicht dem Bild, das sie von Psychotherapie hatten. Diese musste ihrer Ansicht nach lange dauern, eine gründliche Auseinandersetzung mit der Vergangenheit beinhalten und konnte trotzdem keine anhaltenden Erfolge garantieren.

Ich hatte den Eindruck, dass dieses Bild ihren eigenen Erfahrungen entsprach. Trotz jahrzehntelanger Beschäftigung mit ihren Ängsten, Depressionen, Aggressionen, Süchten, Beziehungsproblemen und so weiter war es ihnen offensichtlich nicht gelungen, ein glückliches, entspanntes Leben zu führen. Meine Therapeuten waren selbst immer noch auf der Suche nach Lösungen für ihre eigenen Probleme.

Als es mir gelang, gegen den Widerstand von Waldemar einige Minuten über meine Zukunftspläne zu sprechen, meinte er:»Das wäre ja eine Revolution.« So utopisch kamen ihm meine Vorstellungen von einem guten Leben offenbar vor. Dabei hatte ich nur über Glück und Wohlbefinden geredet, über befriedigende Beziehungen und erfüllende berufliche Aufgaben im Einklang mit einem abwechslungsreichen Privatleben. Damit konnte er nichts anfangen. Er wollte lieber wieder auf meine Probleme zurückkommen.

Wenn du etwas erreichen willst, such dir jemanden, der den Weg bereits gegangen ist: Diesen Ratschlag habe ich erst später entdeckt. Auf meine Therapeuten schien er nicht zuzutreffen. Von ihnen konnte ich nichts lernen. Bereits zu Zeiten des Buddha gab es Gurus, die ihren Schülern Hilfe versprachen, aber nicht einmal ihre eigenen Probleme zu lösen verstanden. Sie hatten bei Lehrern studiert, die genauso hilflos waren wie sie. Der Buddha bezeichnete solche Schulen als eine Kette von Blinden. Der Erste habe das Ziel nicht erblickt und die ihm Folgenden ebenso wenig. Diese Beschreibung ist bis heute aktuell geblieben.

Von KritikerInnen wird der Psychotherapie vorgeworfen, sie passe die KlientInnen an eine kranke Gesellschaft an, an-

statt zusammen mit ihnen Wege zu beschreiten, die hinaus-
führen aus den Fehlentwicklungen. Der Begriff von Normali-
tät sei zu hinterfragen, weil er nur das Übliche, aber nicht das
Gesunde beschreibe. Es sei normal, unglücklich zu sein, in
dysfunktionalen Familien aufzuwachsen, in gestörten Beziehungen zu leben und sein Geld mit unbefriedigenden, zum
Teil sinnlosen oder destruktiven Tätigkeiten zu verdienen.
Glücklich, entspannt und liebevoll zu sein, stelle die Ausnahme dar und sei deshalb nicht normal. Therapeuten, die
ihre KlientInnen für eine aus den Fugen geratene Welt wieder fit machen, hätten ihren Beruf nicht verstanden. Sie sei-
en selber zu kaputt, um ihn verantwortungsvoll ausüben zu
können.

Ich teile diese Kritik an der gegenwärtigen Psychotherapie. Wie die Medizin ist sie nicht per se schlecht. Die Angehörigen dieser Berufe sind eigentlich dazu berufen, die Menschen vom Leiden zu befreien. Leider sind sie zu einem Teil
des Problems geworden und zur Zeit kein Teil der Lösung.

Kurze Zeit hatte ich erwogen, Psychologie zu studieren
und Therapeut zu werden. Aber nachdem ich mich infor-
miert hatte, wie Theorie und Praxis aussehen, habe ich diese Idee schnell wieder verworfen. Die Bibliothek des Fachbereichs Psychologie an der Universität Hamburg hatte nur
einen Bruchteil der Bücher zur Rational-Emotiven Verhaltenstherapie und zur Kognitiven Verhaltenstherapie, die ich
mir inzwischen gekauft hatte.

Aus all diesen Gründen entschied ich mich, Coach zu
werden. Ich kenne zwar die Missstände, die auch mit diesem
Berufszweig verbunden sind. Trotzdem halte ich diese neue

Richtung für eine vielversprechende Weiterentwicklung der psychologischen Beratung.

Richtig verstanden ist Coaching zukunfts- und lösungsorientiert. Es werden am Anfang klare Ziele formuliert. Als Coach möchte ich wirkliche Veränderungen mit meinen KlientInnen erreichen. Über Probleme zu sprechen, ist zu wenig. »Schön, dass wir mal darüber geredet haben«, mag Psychologen genügen, aber mir nicht.

Meine KlientInnen dürfen und sollen sich eigene Ziele setzen. Sie bestimmen selbst, was Glück und Wohlbefinden für sie bedeutet und finden ihren eigenen Weg dahin. Ich stelle keine Diagnosen und verordne keine Therapie. Ich heile nicht. Trotzdem (oder gerade deswegen?) machen meine KlientInnen ausgezeichnete Fortschritte, und das in relativ kurzer Zeit.

Ich könnte mein Coaching philosophische Beratung nennen, aber das klingt zu abgehoben. Tatsache ist jedoch, dass die Rational-Emotive Verhaltenstherapie und die davon abgeleitete Kognitive Verhaltenstherapie ihre Wurzeln in der Philosophie der Stoiker haben. Auch die Akzeptanz- und Commitmenttherapie scheint mir weniger eine Therapie als vielmehr Lebenshilfe im allerbesten Sinne zu sein. Sie ließe sich in Dale Carnegies Buchtitel ›Sorge dich nicht – lebe‹ treffend zusammenfassen.

ACT basiert auf zwei guten Ideen. Die erste ist in dem Wort Akzeptanz zusammengefasst. Man lässt sein Leben nicht mehr von den Gefühlen bestimmen. Flucht und Kampf sind keine hilfreichen Reaktionen. Damit verschlimmert man seine Probleme. Emotionen kommen und gehen.

Wichtiger ist es, sich auf seine Interessen und Werte zu konzentrieren. Darauf bezieht sich der zweite Begriff: Commitment. Im Mittelpunkt steht die Frage: Wie will ich leben?, nicht: Wie werde ich meine Ängste los? Die übertriebene Beschäftigung mit der Angst blockiert alles, was das Leben lebenswert macht. So gesehen ist nicht die Angst das eigentliche Problem, sondern die ständige Auseinandersetzung damit.

Sicherlich ist es eine große Erleichterung, langsam auszuatmen, die Muskeln zu entspannen und so zu denken, dass Gelassenheit möglich wird. Aber das macht noch kein gutes Leben aus. Wenn man am Ende seiner Tage zurückblickt, wird es einen nicht befriedigen, zu sagen: Ich habe meine Angst überwunden.

Herrn Müllers Empfehlung, aktiv zu werden, mich zu engagieren, etwas Sinnvolles neben dem Studium zu tun, war ebenso wichtig wie seine Ratschläge zu einem entspannten Denken. Da ich die Bedeutung seiner Tipps nicht erkannt hatte, habe ich mich später zu sehr auf Therapie, das heißt auf die Beschäftigung mit meinen Problemen, verlassen.

Die Psychotherapie abzubrechen, war für mich unumgänglich, weil sie mich auf die Vergangenheit und meine Schwierigkeiten fixierte. Von da an war der Weg sehr holperig, aber ich kam Schritt für Schritt voran. Ich wechselte den Beruf, suchte mir neue Freunde und lebte jeden Tag so, wie es mir gefiel.

DAS TRAINING

Das Wissen, wie ich meine Ängste verlieren kann, allein genügt nicht. Ich muss das neue Denken und Handeln täglich trainieren. Es ist genauso wie beim Aufbau körperlicher Fitness. Sobald man aufhört zu üben, fällt man zurück. Daran war ich beim ersten Mal gescheitert. Außerdem kannte ich die hilfreichen Methoden nicht gut genug.

Mit der Zeit entstehen neue, gute Gewohnheiten. Ich atme richtig, entspanne meinen Körper und meinen Geist. Die neurotischen Gedanken verblassen immer mehr und treten in den Hintergrund.

Das Training ist selbstverständlich geworden.

Ich lebe entspannt und zufrieden im Hier und Jetzt.

Tag für Tag

Ich gehöre eigentlich nicht zu denen, die gerne trainieren. Ich fand jedes Training mühsam. Es machte mir keinen Spaß. Training war offensichtlich nur etwas für Menschen mit einer gewissen masochistischen Veranlagung. Deshalb stellte ich alle Übungen, die ich mir vornahm, bald wieder ein. Ich war nicht bereit, mich zu quälen.

Am Anfang des Buches schrieb ich, dass ich mich verfahren hatte, und zwar mit meinem Leben. Das merkte ich während des Jura-Studiums. Da ich nicht weiterkam, indem ich mich quälte, beschloss ich, nur noch das zu tun, wozu ich Lust hatte. Ich gestattete mir, das zu sein, was in unserer Gesellschaft ausschließlich negativ bewertet wird, nämlich faul. Von da an ging es mit meinem Studium und meinen Erfolgen nicht bergab, sondern bergauf. Ich habe darüber in meinem Buch ›Lob der Faulheit‹ geschrieben und möchte mich hier nicht wiederholen.

Nur so viel: Vieles im Leben ist paradox. Solange ich mich anstrengte und dem folgte, was andere von mir verlangten, ging es mir in jeder Hinsicht schlecht. Als ich anfing, mich zu entspannen, weniger von dem tat, was mir missfiel, und mehr von dem, was mir Spaß machte, wendete sich das Blatt. Ich verlor meine Angst und gewann gleichzeitig ein richtig gutes Leben.

Das dauerte zwar eine ganze Weile, aber ich war auf der

richtigen Fährte. Ich musste nur meiner Freude nachgehen und darauf vertrauen, dass sie mich dahin führte, wo ich hinwollte. Das ist so ziemlich das Gegenteil von dem, was man in unserer Gesellschaft lernt. Erziehung dient mehr oder weniger dazu, einem den Spaß auszutreiben. Diese Konditionierung musste ich rückgängig machen.

Die meisten haben Angst vor einer Gehirnwäsche und ahnen nicht, dass sie ihr bereits ausgesetzt waren: im Elternhaus, in der Schule, in der Kirche, im Sportverein, durch die Medien, kurzum: in den Institutionen der Gesellschaft. Ich begann, mir zu allem eine eigene Meinung zu bilden. Ist das meine eigene Überzeugung oder bloß etwas, das ich unreflektiert von anderen übernommen habe? Diese Frage stellte ich mir häufig. Dadurch kam ich zu überraschenden Neubewertungen meiner Familie, meines Lebenswegs und meiner Umgebung. Mir fiel auf, dass einige genau das erzählten, was sie gerade in der Zeitung gelesen hatten. Wenn ich nachfragte, stellte sich heraus, dass ihr Standpunkt unüberlegt war und überhaupt nicht ihren Interessen entsprach.

Anregungen und Ermutigung, im Denken, Fühlen und Handeln selbstständig zu werden, fand ich unter anderem in den Büchern von Moshe Feldenkrais, eines Pädagogen, der sich intensiv mit Fragen der Selbstveränderung beschäftigt hat. Die Grundsätze, die Feldenkrais lehrt, übertrug ich auf alle Bereiche meines Lebens. Er hat seine Lehre anhand von Körperbewegungen entwickelt. Sie geht aber weit darüber hinaus. Wenn man neue Bewegungsmuster anbahnen will, ist es wichtig, kleine, langsame, angenehme Bewegungen zu machen, die jederzeit umkehrbar sind.

Angenehm ist das Stichwort, das mir sofort in die Augen sprang. Die Feldenkraismethode ermöglicht ein Training, das sich von A bis Z gut anfühlt. Diese Philosophie passte hervorragend zu dem, was ich anstrebte. Egal, was ich von nun an tat: Ich achtete darauf, ob es mir Spaß machte. Wenn Sie die Feldenkraismethode kennenlernen möchten, empfehle ich Ihnen das Buch ›Relaxercise: The Easy New Way to Health and Fitness‹ von David und Kaethe Zemach-Berzin und Mark Reese sowie eine Anmeldung zum nächstgelegenen Feldenkraiskurs. Wie so viele gute Titel ist dieses Buch auf Deutsch nicht mehr lieferbar. Sie können aber genauso gut auf das Buch ›Beweglich sein – ein Leben lang‹ von Thomas Hanna zurückgreifen. Es enthält ebenfalls eine Anleitung zum Selbsttraining.

Die Bücher von Moshe Feldenkrais selbst sind nicht so einfach zu lesen. Er war keiner, der es seinen Schülern leicht machen wollte. Deshalb lernt man seine Methode besser von anderen. Für alle, die seine Philosophie gründlicher verstehen wollen, stellen seine Bücher jedoch eine reiche Quelle dar.

Durch Feldenkrais lernte ich, konsequent den Weg des geringsten Widerstands zu gehen. Vorher dachte ich, dass es nicht möglich sei, so zu leben. Diejenigen, die mich unterrichteten, offenbar auch nicht (eine Kette von Blinden). Ich weiß, dass etliche diese taoistisch anmutende Lebensphilosophie ablehnen und stattdessen auf Disziplin, Fleiß und harte Arbeit schwören. Sie wissen es eben nicht besser.

Das oberste Gebot dieses Trainings lautet: Finde einen Weg, so zu üben (im weiteren Sinn: so zu denken, handeln und leben), dass es dir Spaß macht. Folgt man dieser Maxime, erübrigt sich die Frage, wie oft und wie lange man trainieren muss. Wenn es angenehm ist, möchte man gar nicht aufhören. Das Ziel besteht darin, sich wohlzufühlen, nicht nur nach dem Training, sondern auch dabei. Eine weitere Regel möchte ich noch hinzufügen. Am Anfang fühlt sich alles Neue ungewohnt an. Das ist gewollt und darf so sein. Wenn man über das Bekannte hinausgeht, gelangt man in einen Bereich, der fordernd ist, sich aber noch gut anfühlt. In diese Zone muss man sich wagen. Anders ist Wachstum unmöglich. Der Trainingseffekt, nämlich stärker, flexibler und angstfreier zu werden, bliebe sonst aus.

Und so trainiere ich:

Als Erstes achte ich auf meinen Atem. Das mache ich den ganzen Tag über, wann immer ich daran denke: beim Telefonieren, Schreiben, Einkaufen etc.

Außerdem meditiere ich. Ich setze mich bequem hin und richte meine Aufmerksamkeit auf den Atem. Im Wesentlichen ist dies eine Achtsamkeitsschulung, das heißt, ich beobachte mein Ein- und Ausatmen. Allerdings nehme ich mir dabei bewusst Zeit, länger aus- als einzuatmen. Das mache ich einmal am Tag, gelegentlich auch alle zwei Stunden, wenn mein Ruhebedürfnis besonders groß ist. Es gibt Tage und Wochen, in denen ich nicht meditiere. Ich gehe flexibel damit um.

Wann immer ich daran denke, entspanne ich meine Muskeln, besonders die im Gesicht: Kiefer, Zunge, Augenbrauen, Stirn und Augen, weil sie auf Stress besonders sensibel reagieren. Wenn nötig, entknote ich meine Arme und Beine.

Mein Denken zu entspannen, ist der dritte Punkt bei meinem Training. Das habe ich anfangs intensiv gemacht. Heute reicht eine tägliche Auffrischung. Die Rational-Emotive Verhaltenstherapie kann genauso wie die Kognitive Verhaltenstherapie sehr kompliziert erscheinen. Um sie im Alltag fließend anwenden zu können, achte ich auf meine Gefühle. Wenn ich mich wohlfühle, brauche ich nichts zu ändern. Empfinde ich Angst oder Stress, mache ich mir bewusst, was mir durch den Kopf geht. Ich stoppe alle Angstgedanken und Stressbilder, indem ich auf Ideen und Fantasien umschalte, die bei mir Wohlbefinden auslösen. Stelle ich fest, dass ich mich perspektivlos mit Problemen beschäftige, stelle ich mir vor, wie ich diese löse. Auf diese Weise muss ich Schwierigkeiten in Gedanken nicht vermeiden, sondern kann vielmehr weiterdenken, wie ich damit fertig werde. Das macht nach einiger Übung richtig Spaß. Ich bekomme dadurch sofort wieder gute Laune.

Die Akzeptanz- und Commitmenttherapie klingt ebenfalls vertrackter als sie ist. Im Kern geht es darum, so zu leben, wie man gerne möchte, nicht in 20 Jahren, sondern heute. Jedenfalls sollte dies das Ziel sein. Manche Projekte brauchen länger. Es hat Jahre gedauert, bis ich mich in meinem neuen Beruf etabliert hatte. Auch andere größere Vorhaben lassen sich ebenso wenig an einem Tag umsetzen. Trotzdem macht mir Spaß zu sehen, wie ich in vielen kleinen Schritten meinen Zielen näherkomme. Wenn die Richtung stimmt und die Reise Spaß macht, ist es mir egal, wie viel Zeit vergeht, bis ich meine Wünsche verwirklicht habe.

Durch die Schritte 1 bis 3 bin ich nicht einmal darauf angewiesen, meine Ziele zu erreichen. Ich fühle mich so oder so wohl, heute genauso wie am Ziel meiner Herzenswünsche.

Es ist ein verbreiteter Fehler, sein Glück immer wieder in die Zukunft zu verschieben: Wenn ich das geschafft habe, werde ich … In dem Fall besteht die Gefahr, dass dieser Tag nie kommt. Wenn ich an meinen Zielen zweifle und dadurch anfange, mich unwohl zu fühlen, sind die anderen Trainingsschritte wieder an der Reihe: umdenken und entspannen. Ich bin bei alldem nicht perfekt. Der Aufbau des ganzen Trainings hat Jahre gedauert. Sie müssen es auch nicht an einem Tag schaffen.

Entspannt und zufrieden im Hier und Jetzt

Die Auseinandersetzung mit der Angst hat mich letztlich auf einen Weg der Selbstverwirklichung gebracht. Ich habe meine Ängste überwunden und darüber hinaus gelernt, mit negativen und positiven Gefühlen jeder Art und Stärke umzugehen.

Ich weiß heute, wie Veränderungen im Denken, Fühlen und Verhalten funktionieren. Davon profitiere ich täglich und inzwischen auch meine Coaching-KlientInnen und die LeserInnen meiner Bücher. Was mir geholfen hat, hilft anderen ebenfalls, und das vergleichsweise schnell.

Jeder hat Angst. Jeder macht sich Sorgen. Menschen fürchten sich vor der Welt und manchmal sogar vor Gott. Phobien und Panikattacken sind weit verbreitet. Einige entwickeln seltsame Rituale, um die Probleme, die sie plagen, zu bannen. Religionen, Therapien und esoterische Techniken sollen helfen, mit den existenziellen Ängsten fertig zu werden.

Die Frage ist nicht, ob jemand Angst hat, sondern wie oft, wie lange und wie stark. Während die einen nur gelegentlich für kurze Zeit leichte Ängste verspüren, leiden die anderen fast ständig unter großer Furcht.

Ich gehörte zu denen, die sehr viel Angst haben. Bis es mir gelang, mit meiner Panik, meinen Phobien und all den anderen kleinen und großen Ängsten umzugehen, musste ich zahlreiche vergebliche Versuche unternehmen. Ich lernte erst einmal, was mir nicht hilft.

Das Angebot an therapeutischen, religiösen und esoterischen Hilfen ist riesig. Leider steht das Angebot in keinem Verhältnis zum Nutzen. Sonst wäre die Not nicht so groß.

In diesem Buch habe ich Ihnen erzählt, wie sich meine Ängste auf mein Leben auswirkten und was mir schließlich geholfen hat. Wenn Sie wollen, können Sie den gleichen Weg gehen. Ich glaube nicht, dass ich so einzigartig bin, dass die Lösungen, die ich gefunden habe, nur mir helfen. Im Übrigen handelt es sich überwiegend um solche, die wissenschaftlich überprüft sind und ihre Wirksamkeit bewiesen haben. Vielleicht werden Sie wie ich den einen oder anderen Umweg oder Irrweg machen müssen. Wie Sie an meiner Geschichte sehen, macht das nichts, solange man die Suche fortsetzt und nicht aufgibt.

Wie man mit Ängsten umgehen kann, ist im Prinzip seit Jahrtausenden bekannt. Nicht dass es jedem gelungen wäre, sich von ihnen zu befreien. Im Gegenteil! Doch haben einige ihr hilfreiches Wissen schon seit Urzeiten weitergegeben. Eines der ältesten Selbsthilfebücher der Welt ist die Bibel. Menschen haben darin Anleitung, Trost und Hoffnung gesucht und manchmal sogar gefunden. Von biblischer Seelsorge handelt mein Buch nicht; denn mein Weg verlief anders. In der Lehre des Buddha finden sich Schilderungen, wie er seine Ängste bekämpft hat. Die moderne westliche Psychotherapie ist inzwischen auf ähnliche Ideen gekommen. In den letzten Jahren wurden mehrere Verfahren aus dem Buddhismus entlehnt.

Ich bin beeindruckt, wenn Menschen sagen, sie hätten ihre emotionalen Probleme »gestützt nur auf das Buddha-Wort« gelöst. Mir ist das nicht gelungen. Ich schätze die ursprüngliche Lehre des Buddha als Philosophie sehr, habe für mich aber keine Religion daraus gemacht und erst später begriffen, wie die Buddha-Lehre einem helfen kann, Stress zu überwinden.

Der Buddha war nicht der Erste, der unter Ängsten litt und schließlich seinen Frieden fand. Die Grundprobleme des Menschen haben sich nie geändert. Die Auseinandersetzung mit Alter, Krankheit und Tod bleibt niemandem erspart. Einsamkeit, Trennung und Liebeskummer sind kaum jemandem fremd. Genauso ist es mit der Angst. Sie ist ein Bestandteil des Lebens. Jeder muss sich damit auseinandersetzen.

Umso mehr wundert es mich, dass Bücher über Angst fast ausschließlich aus einer unpersönlichen Perspektive geschrieben werden. Als ich mir die aktuellen, zum Teil weit verbreiteten Bücher zu diesem Thema ansah, war ich überrascht, wie wenig die AutorInnen von sich selbst preisgeben.

Psychologieprofessoren werfen ihre ganze Autorität in die Waagschale, zitieren Studien und berichten ausführlich, wie

sie ihre Patienten behandelt haben. Aber man erfährt mit keiner Silbe, ob sie selbst jemals einen Panikanfall hatten. Was
tut ein Universitätsprofessor, der zum Thema forscht und
lehrt, wenn die Angst in ihm hochkriecht?
Schreibende PsychotherapeutInnen reihen Fallgeschichte
an Fallgeschichte. Waren sie selbst mal eine? Haben sie keine Gefühle? Kennen sie Ängste, Panikattacken oder Phobien
nur aus zweiter Hand? Wir erfahren es in der Regel nicht.
Bleiben noch die Priester und Philosophen. Seelsorge
und Weisheit ist ihr Anliegen. Weshalb sprechen sie kaum
über sich? Von Luther wissen wir immerhin, dass er in seiner
Todesangst Gott versprach, Priester zu werden, wenn er das
schwere Gewitter, das ihn überrascht hatte, überlebte. Dass
er sich von Teufeln, bösen Geistern und Dämonen belästigt
fühlte und, wenn es ihm zu arg wurde, mit dem Tintenfass
nach ihnen warf, ist ebenfalls überliefert.

Dagegen nimmt sich ein Schwindelanfall in luftiger Höhe
in einem Riesenrad, wie von einem bekannten Philosophen
in seinem Buch beschrieben, etwas blass aus, kann aber als
Anfang persönlicher Offenbarungen gelten.

Ich wüsste gerne, wie die Priester mit ihren inneren Nö-
ten umgehen. Wann sind sie vor Angst handlungsunfähig?
Wie oft lassen ihre Sorgen sie nachts nicht schlafen? Was
hilft ihnen, wenn überhaupt?

Als ich meine Ausbildung in Rational-Emotiver Verhaltenstherapie machte, war niemand bereit, vor der Gruppe
über seine Ängste oder Depressionen zu sprechen. Ich auch
nicht. Wenn es um schwierige Gefühle ging, redeten wir über
Ärger. Wut ist offenbar eine Emotion, zu der man sich leich-

ter bekennen kann. Neid, Trauer und Panik behält man lieber für sich.

Das Gleiche ist in der Öffentlichkeit zu beobachten. Viele haben keinerlei Hemmungen, ihren Ärger auszudrücken. Sie schimpfen oder schreien ihre Wut heraus, drohen anderen gar mit der Faust. Nur selten wird jedoch vor anderen geweint oder vor Angst gezittert.

Nicht dass der Ausdruck von Wut schon eine Form der Bewältigung wäre. Aber immerhin ist die Scheu, seinen Ärger zu zeigen, geringer. Wenige schämen sich dafür. Kaum jemand bekommt deswegen Depressionen. Dagegen ist das Eingeständnis von Angst stärker tabuisiert.

Fangen wir also an, offen über unsere Ängste zu sprechen. Es hat mir stets imponiert, wenn jemand zugab, ängstlich zu sein. Ich habe es als ein Zeichen von Stärke, nicht von Schwäche gesehen.

Das Schreiben dieses Buchs war für mich übrigens keine Eigentherapie, wie manche annahmen, denen ich von meinem neuen Buchprojekt erzählte. Das Thema ist für mich erledigt. Ich habe es nicht noch einmal durchlitten, sondern es hat mir wie bei meinen anderen Büchern großen Spaß gemacht, es zu schreiben.

Die Idee dazu kam mir, als ich das Buch ›Arschtritt‹ von Holger Senzel las. Er schildert darin, wie er seine diversen Therapien beendete, um seine Depressionen aus eigener Kraft zu überwinden. Ich konnte mich mit seiner Kritik an der Psychotherapie identifizieren, weil ich es ähnlich erlebt habe, nur mit anderen Problemen.

Ob ich manchmal noch Angst habe? Ja, genauso wie ich

andere Gefühle erlebe. Sie kommt und geht. Aber ich kann mich nicht erinnern, wann ich zuletzt eine Panikattacke hatte. Ich habe heute ein anderes Verhältnis zur Angst. Sie ist ein manchmal wichtiges Warnsignal, aber sie beherrscht nicht mehr mein Leben.

An die Vergangenheit zu denken, belastet mich nicht. Ich lebe gerne im Hier und Jetzt und freue mich auf die Zukunft, in diesem Leben und danach.

Nachdem ich mich von den Fesseln der Angst befreit hatte, wurde ich Autor und Coach, zog wieder nach Berlin und …

»When you're smiling, …«

Ich sitze in der U-Bahn. Es ist 22 Uhr, ein schöner Spätsommerabend. Die Fenster des Zuges sind überwiegend geöffnet. Normalerweise mag ich das nicht, aber heute ist es ganz angenehm.

Die Menschen in dem Abteil unterhalten sich, telefonieren oder dösen vor sich hin. Auch ich hänge meinen Gedanken nach. Wie viel hat sich verändert! Berlin ist nach dem Ende des Kalten Krieges keine Frontstadt mehr. Die Mauer ist verschwunden. Der Umgang miteinander ist freundlicher geworden.

Nicht, dass hier jetzt alles rosarot wäre. Berlin ist eine Metropole mit allem, was dazugehört. Probleme und Spannungen gibt es immer noch. Aber andere, weniger bedrohliche. Niemand muss mehr wegen Passierscheinen nach Ostberlin anstehen. Keine Transitwege mehr, auf denen mit Schikanen zu rechnen ist. Die alliierten Truppen sind abgezogen. Die Lunte am Pulverfass brennt nicht mehr.

In der nächsten Station steigt eine Frau zu, die jede Menge gute Laune mitbringt. Sie lächelt, und wer will, lächelt zurück. »When you're smiling, the whole world smiles with you«, geht mir durch den Kopf.

Dass ich mich wohlfühle, auch in der U-Bahn, hat aber nicht so sehr mit den veränderten Umständen zu tun. Entscheidend ist, dass ich mir weniger neurotische Gedanken mache und gelernt habe, mit denen, die übrig geblieben sind, anders umzugehen. Ich versuche nicht mehr, sie zu verdrängen, sondern lasse sie zu. Sie gehören zu mir. Wir sind zusammen älter geworden.

Tatsächlich bleibt der Zug für einen Moment stehen, was selten vorkommt. Aber es beunruhigt mich nicht. Selbst wenn wir für zwei Stunden im Tunnel blieben und das Licht ausfiele, würde ich nicht in Panik verfallen. Der Vorfall wäre eine Unannehmlichkeit, mehr nicht.

Und wenn ein Brand ausbräche und ich darin umkäme? Theoretisch könnte dies passieren, aber es ist sehr unwahrscheinlich. Die meisten sterben im Bett. Wenn man also alt werden will, darf man nie das Aufstehen vergessen. U-Bahn fahren jedenfalls steht einem hohen Alter nicht entgegen.

Und wenn doch? Das wäre Pech. Auch für Sie; denn dann hätte ich dieses Buch nicht zu Ende geschrieben.

DER MERKZETTEL

Hier meine wichtigsten Regeln zur Angstbewältigung auf einer Seite:

1. Sich den Atem bewusst machen, vor allem bei den ersten Anzeichen von Angst. Sofort länger ausatmen als einatmen.
2. Regelmäßig den Körper durchspüren. Überflüssige Muskelspannungen loslassen.
3. Sich die Gedanken bewusst machen. Gedankenfehler korrigieren. Tatsachen und Wahrscheinlichkeiten beachten. Beängstigende Fantasien durch solche ersetzen, die das Wohlgefühl und effektives Verhalten fördern. Freundlich und beruhigend mit sich sprechen.
4. Die wichtigsten Bedürfnisse und Herzenswünsche erkennen. Alles tun, um sie ebenso zielstrebig wie entspannt zu erfüllen. Die Initiative ergreifen, aktiv werden.
5. Täglich auf diese Weise trainieren. Mit der Ausdauer einer LangstreckenläuferIn.

Mit zunehmender Anwendung und Beherrschung dieser Regeln nimmt die Angst ab und das Wohlbefinden steigt.

DANKE!

Aus vielen Zuschriften und den zahlreichen Rezensionen im Internet weiß ich, dass ich die besten Leserinnen und Leser habe, die sich ein Autor nur wünschen kann. Deshalb an dieser Stelle ein ganz großes DANKESCHÖN an sie. An Sie! Es ist eine große Freude, das dtv-Team an meiner Seite zu haben. Meine Lektorin, Katharina Festner, kenne ich seit vielen Jahren und wie alle guten Beziehungen gewinnt diese mit jedem neuen Buchprojekt. Herzlichen Dank dafür! Unzählige Menschen haben dazu beigetragen, dass ich meine Ängste überwunden habe. Einige nenne ich in diesem Buch. Den anderen, die ich nicht erwähne, bin ich genauso dankbar. Ein Buch zu schreiben, ist im Grunde genommen ein rätselhafter Prozess. Wie sich Inspirationen und Worte zu einem Text verbinden, ist stets aufs Neue ein faszinierendes Erlebnis. Wer oder was immer dies ermöglicht, verdient meinen ganz besonderen Dank.

ÜBER DEN AUTOR

Thomas Hohensee studierte in Berlin Rechtswissenschaft. Nach dem Referendariat und dem zweiten Staatsexamen in Hamburg arbeitete er längere Zeit als Jurist in verschiedenen Unternehmen.

Da er sich zunehmend mehr für Psychologie als für Paragrafen interessierte, machte er schließlich eine Ausbildung am Deutschen Institut für Rational-Emotive und Kognitive Verhaltenstherapie (DIREKT) in Würzburg und wechselte den Beruf.

Seit 2002 sind 15 Bücher von ihm erschienen, darunter mehrere Bestseller (›Gelassenheit beginnt im Kopf‹, ›Glücklich wie ein Buddha‹ u. a.).

Außerdem ist er als Life Coach erfolgreich. Insbesondere sein Gelassenheits-Training, bei dem man in 10 bis zwanzig Coachingstunden lernen kann, das in seinen Büchern Gelesene im Alltag praktisch umzusetzen, hat bei den TeilnehmerInnen große Begeisterung hervorgerufen.

Er lebt zusammen mit seiner Frau jetzt wieder in Berlin.

Nähere Informationen über sein Coaching und seine Bücher finden Sie auf der Website *www.thomashohensee.de*